春风化雨
润物无声

让优质教育惠及每一个学生

徐梅芳 著

上海三联书店

让优质教育惠及每一个学生

尹后庆

　　1998 年,上海市推出基础教育二期课改,标志着面向 21 世纪的基础教育改革再次起航。二期课改确实是进入了改革的深水区,许多难点和瓶颈问题都逐步显现。面对挑战,上海的教育工作者,没有退缩也没有止步,而是坚定、勇敢地承担起时代赋予的重任。在上海基础教育的再提升中,他们进一步解放思想,转变传统的思维方式,不断理清目标、路径、手段、策略等要素之间的关系和规律,以不断深入的内涵发展的积极成果,努力实现基于公平、追求卓越的历史使命。世纪之交,上海的基础教育特别注重内涵发展,非常扎实地下移工作重心,通过重点关注学校和教育全过程,通过推进课程改革、优化教学、建立和谐的师生关系,让家长和社会从学生的健康成长中,看到实实在在的教育进步,得到实实在在的教育利益。这也就意味着,"为了每一个孩子的健康快乐成长"已经成为教育的出发点和落脚点,参与和投入学校课程与教学这个核心领域的改革,已经成为每一所学校的每一个基础教育工作者的光荣使命。

　　我们常说,教育改革的大方向当然是由政府和教育行政部门引领的,但同时我们也必须认识到,学校才是教育改革的主要策源地,因为学校直接面对着学生,学校改革的根本动力来自于学生,学生才是学校变革的出发点和归宿点。随着我国基础教育课程改革的逐步深入,特别是学校办学自主权的不断下放,中小学在推动基础教育改革与发展过程中的重要作用已经越来越明显,大量的中小学已经不再甘于做教育改革的被动操作者,不再是自上而下"改革命令"的具体执行者,而是努力立足自身实际,不断变革和创新,从"以学生发展为本"的理念出发,从提升学校综合发展水平入手,探索属于学校的教育改革个性化经验,进而以独特的方式在基础教育改革的大潮中书写属于自己的篇章。

诚然,一所学校办学水平的整体提升是一个复杂的系统过程,既需要有先进理念的引领,也需要有课程建设、教学改革、师资队伍建设、校园文化建设、制度构建等相关领域的支撑。作为学校的校长,只有站在基础教育改革发展的时代要求和专业高度,从整体上对学校教育教学改革进行谋篇布局,才能彰显校长的专业领导力,也才能实现学校的可持续发展。也正是因为如此,上海市的学校课程领导力建设才能够开展得如火如荼,并取得了令人瞩目的成绩。

值得庆幸的是,随着上海学校课程领导力提升等项目的开展,在基础教育改革与发展的进程中,我们的周围有一大批潜心钻研、励精图治、锐意改革、孜孜以求的校长,他们通过自己仰望星空的教育理想和脚踏实地的工作作风,凝聚和汇集师生的力量,全方位地设计学校发展蓝图,多角度地促进学校办学水平的整体提升。在他们的努力下,一所所优质学校拔地而起,一个个精彩的故事在我们身边演绎,也正是因为他们的努力和付出,上海基础教育转型发展的每一个脚步都能够走得那么坚实,是他们的肩膀托起了上海基础教育的基准线。

本书的作者——徐梅芳女士,就是这些校长中的优秀代表。本书所描绘的学校,上海市中山北路第一小学是我非常熟悉的学校,每次踏入学校的大门,都能够被学生身上洋溢的幸福感所感染,都能够被教师敬业奉献的精神所感动,他们的"E校园建设"、"同舟共济的船文化"、英语学科教学的优势等,都给我留下了深刻的印象,我也很多次都发自内心地想弄清楚,这所学校的发展,究竟有着怎样的独特奥秘。

读了徐梅芳校长的这本著作,我心中的疑问一个个解开,近二十万字的书稿,字里行间流露出的是学校管理者良好的专业素养和对学校整体改革与发展的精心设计,流露出的是教师对教书育人工作的认可与热爱以及积极参与课程与教学改革的主动性和创造性;流露出的是学校改革与发展的独具匠心,不论是课程建设,还是教学改革,不论是校园文化建设,还是学校办学特色的打造,都体现了中山北路一小师生对于学校发展的个性化理解和对于学校整体变革的个性化设计。学校的发展需要内力外力的共同牵引,而从本书的写作看,中山北路一小正是抓住了学校改革与发展的几个关键性问题,通过理论思辨和实践探索,不断挖掘和汇聚学校发展的力量源泉,最终形成了实现学校内涵式发展的强大合力。

在我看来,本书的写作具有三个方面的基本特征:第一,是主题的全面性,本书着眼于基础教育学校的整体改革与发展,全面回顾、总结和再现了中北一小十二五期间学校各领域的改革与发展现状,可以说几乎涵盖了学校管理的方方面面,对于读者从整体上把握中北一小改革与发展的全貌具有很强的现实意义,同时,对于学校管理者从宏观上设计学校改革与发展思路具有一定的借鉴意义;第二,内容的实践性,我一直认为,中小学的教育科研活动,包括校长们的著述，与专门的教育理论工作者应该有本质的差异，关注教育实践问题是中小学教育研究的命脉所在。从本书的写作内容看，尽管笔者也有对教育改革与发展相关问题的理论思考，但更多的是详细描述了基于这种思考的学校个性化的教改实践，这就使得本书的写作具有很强的实践性，能够给一线的学校管理者和教师以操作层面的启发，同时，也加深了本书的可读性；第三，话语的创新性，正如作者在引言部分中所提及的，在学校发展或学校改进、学校变革研究中，不断有学者借用原本属于自然科学的一些术语来确立自己的研究视角、研究方法和话语方式，将"力"的概念引入我国学校发展研究就是一种重要的趋势。但就目前的相关著作看，还鲜有将学校改革与发展的相关问题统一用"××力"的方式进行表达的，在我看来，这样的表达方式既有新意，又不乏科学性和合理性，能够给读者耳目一新的感觉。

我在一次会议的主题发言中曾经提到，在未来的日子里，基础教育改革一定会遇到更加艰巨的挑战，但这其中最难的问题还在于让教育真正回归到"人"的本原上来，让"人"成为教育的目的。我想，只要脚踏实地一步一个脚印立足当前面向未来，基础教育发展一定会在原有基础上不断取得成绩，长期以来基础教育中存在的弊端也会逐步得到缓解。而要实现这样的目标，显然离不开每一所学校的努力探索，我们希望能够有越来越多的学校管理者主动加入到思考学校变革与发展的队伍之中，只有如此，上海基础教育的转型发展才能够被注入源源不断的动力。

是为序。

以专业视角寻找学校发展的力量之源

代蕊华

近日,中山北路一小的徐梅芳校长送来了她的新作《春风化雨　润物无声——让优质教育惠及每一个学生》并请我作序,我欣然应允,一方面是因为徐梅芳校长作为在读研究生,其勤学善思的品质给我留下了深刻的印象;另一方面,作为基础教育战线的"同道中人",徐梅芳校长的治校理念、办学策略和取得的成绩,也非常值得肯定与推广。

读罢此书,我最为深刻的感受就是徐梅芳校长的确是一位非常专业的学校领导者,尽管这一判断已经在我头脑中存在许久,但是这本书的出现,无疑又加深了对这一判断的肯定。

我们都知道,校长是一个学校的灵魂,有什么样的校长,往往就有什么样的学校,因此,校长能力的高低,特别是专业化水平的高低,对于学校的整体改革与发展有着极为重要的影响。近年来,教育部陆续发布了《义务教育学校校长专业标准》、《普通高中校长专业标准》、《中等职业学校校长专业标准》和《幼儿园园长专业标准》。这些标准不仅成为校长职业成熟的重要标志,成为校长管理制度的重要依据,成为校长专业发展的指导纲要,也在客观上吹响了校长专业成长的"集结号"。

在我国的校长专业标准中,明确规定了校长是履行学校领导与管理工作职责的专业人员,提出了"以德为先、育人为本、引领发展、能力为重、终身学习"的基本理念,明确了校长的道德使命、办学宗旨、角色定位以及专业发展的实践导向和持续提升的要求,并构建了"规划学校发展、营造育人文化、领导课程教学、引领教师成长、优化内部管理、调适外部环境"六项专业职责,这些专业职责指明了校长专业发展的主要内容,并对如何落实专业标准提出了具体的实施要求。

从我国的现实状况来看,校长队伍的整体状况与专业的要求还有很大距离,还难以适应国家改革发展对教育家办学的要求。教育改革与发展的客观要求和校长队伍建设的客观需求,都需要校长遵循专业标准的要求,逐渐成为专业的领导者。

在校长专业发展过程中,"著书立说"是近年来比较有效的一种方式。应该指出的是,随着"教师成为研究者""文化立校、科研强校"等理念的提出,学校的教育科研活动越来越兴旺,一些现实的教育问题在研究中得到了化解,一些重要的教育改革与发展经验也通过研究得以呈现。在学校教育科研这道"独特的风景"中,校长始终扮演着重要的角色,他们不仅是学校科研活动的直接参与者,也是学校科研工作的谋划者、指导者和决策者。校长根据自身成长需要,结合学校改革与发展实际,开展一定的教育研究活动,是校长实现自身专业成长的有效方式,是校长进一步理清学校办学思路,凝练办学智慧,传播办学成果,化解办学问题的有效方式,也是校长实现价值领导、教学领导和组织领导的有效方式。

本书正是徐梅芳校长通过教育科研活动促进自身专业成长的

良好体现和生动个案。本书集中反映了以徐梅芳校长为核心的中山北路第一小学管理团队在学校"十二五"期间对于学校整体改革与发展的所思、所行和所获，系统描绘了学校课程建设、教学改革、文化塑造、特色发展、制度建设、师资队伍等相关领域的改革与发展状况，揭示了这一状况背后蕴含的师生价值、思维、行为的沿革状况和变化轨迹，总结了促进学校整体办学"校力"提升的有效方式和基本着力点，彰显了让优质教育惠及每一个学生的学校发展哲学。

掩卷而思，本书除了让我感受到中北一小改革与发展的"强劲力量"之外，更让我感受到了徐梅芳校长作为一个专业的学校管理者其自身的独特魅力。徐梅芳校长立足于自身的校长角色，从专业的角度思考学校的课程、教学、教师、教研、文化等涉及学校改革与发展的关键性问题，她的思考具有一定高度，又有一定深度，体现了一个专业的学校领导者的专业认知与见解。本书逻辑的严密性，内容的丰富性，结论的科学性，充分体现了作者良好的专业意识、专业知识与专业能力，表明了作者较高的专业发展水平。

当前，我国基础教育学校管理正面临着重要的转型，其中一个重要表现就是从学校管理到学校治理的转变。教育治理现代化是国家治理现代化的重要组成部分，体现了国家管理教育方式的重要变革。在逐步推行"政府管教育、学校办教育、社会评教育"的新型治理体系中，学校的"办"居于核心的位置，而教育治理现代化对于如何办学提出了更多新的要求，也对校长的专业化发展带来了更为丰富的内涵和更为迫切的需要。每一个有责任心的校长，都应该立足于教育改革与发展的大潮，审视教育、审视学校、审视师生、审视自我，在教育变革的伟大实践中展现智慧，有所作为，成为一个真正的专业的学校领导者。而在这方面，相信徐梅芳校长以及中北一小的全体师生,一定能够以自己不懈的努力,作出更加令人瞩目的成绩。我将和其他所有关心中北一小改革与发展的朋友一起,拭目以待。

目　录

前言:寻找提升学校品质的内在力源

　　打造高品质的教育是学校管理的重要目标,然而,面对日益复杂的教育场域,如何有效整合资源,形成学校发展合力,是关涉基础教育改革与发展成败的关键性问题。

　　想必大家都听过《田忌赛马》的故事吧,据《史记》记载,齐威王要与田忌赛马。田忌和齐威王约定:每个人从自己的上中下三等马中,各选一匹来进行比赛,若一匹马获胜,可赢得一千两黄金,若谁的马输了一场,要输一千两黄金。比赛开始了。田忌用自己的上等马和齐威王的上等马比赛,很快输了一场。田忌再用自己的中等马和齐威王的中等马比赛,结果又输了。最后田忌用自己的下等马和齐威王的下等马决一雌雄,尽管声嘶力竭,扬鞭催马奋进,最后还是输掉了比赛。

　　后来田忌接受孙膑的建议,同样是原来的三匹马,只是调换一下出场顺序:田忌的下等马对齐威王的上等马,再以上等马对齐威王的中等马,最后以中等马对齐威王的下等马取得了 3 局 2 胜。

　　这实际上就是通过资源的优化合理配置,实现了胜利的目标。资源还是原来的资源,没有增加任何新的投入,只是通过优化配置的方法就能转败为胜。这种资源优化配置的范例,让我们感受到以优化整合的思维推进学校教育管理变革的必要性与紧迫性。

实际上,在学校管理的过程中,学校管理者也极易碰到类似的情形,面对有限的教育资源,如何最大程度地发挥它们的功效,使得原本分散的学校发展力量不断聚集汇合,形成促进学校发展、提升学校品质的巨大合力,显然是一个急需认真思考的重要命题。

在学校发展或学校改进、学校变革研究中,不断有学者借用原本属于自然科学的一些术语来确立自己的研究视角、研究方法和话语方式,如"场域""能量建构""全息""自组织""力"等。将"力"的概念引入我国学校发展研究,始于"学校核心竞争力"概念的提出,其后学校文化力、学校创新力、校长领导力、学校执行力、学校品牌力、校园生活力、校长胜任力等概念相继提出,为学校发展研究提供了独特的视域。

一、学校发展"力"的研究概观

将"力"的概念引入学校管理领域的研究,既是教育学科研究领域扩张、各学科研究不断融合的结果,也是教育研究与实践领域对学校发展问题认识逐渐深化的必然产物。复杂性是教育活动的基本特性,这一特性决定了推动学校发展的力源应该是多元的、立体的、开放的、动态的。就当下的情况看,对影响学校发展的"力",学界主要进行了如下几个方面的探讨。

(一) 学校核心竞争力与核心发展力

"核心竞争力"概念经美国管理学家普拉哈拉德和英国学者哈默于 1990 年提出后,便引发了人们极大的兴趣,很快成为经济学和管理学研究的热点,并迅速辐射到各行各业的管理理论和实践中。统观教育领域对学校核心竞争力的研究,主要集中于三个领域:即学校核心竞争力的内涵、特征和提升路径研究。

关于学校核心竞争力的内涵,代表性的研究观点有以教育生产力为基础、教育文化力为核心、教育经营力为重点的"三力"说①,也有包括文化力、学习力、创新力、管理力和人才培养力的"多力"说②。无论作何表述,研究者们普遍认为,学校核心竞争力是学校在长期的改革实践中逐渐摸索、由各种办学实力不断积累的结果,是学校的多种力量相互作用与融合的结果;关于学校核心竞争力的特征,研究结论也是丰富多样,代表性的如胡永新提出的独特性、优质性、难以模仿、长效性③,徐建华提出的价值的无形性、本质的独特性、存在的专一性、作用的辐射性、发展的适应性、培育的长期性,李清刚提出的价值性、稀缺性、知识性、创新性等④。这些特征描述从研究者各自理解的角度揭示了学校核心竞争力的基本属性,同时也说明它们对在竞争过程中取胜起重要作用,是支撑学校生存与发展的关键力量;关于学校核心竞争力的提升路径,现有的研究探讨较多,梳理这些研究,可以发现一些共性的主张,如聚焦学校的文化发展,聚焦学校的教师队伍建设,聚焦学校的课程与教学改革等。

在学校核心竞争力研究过程中,程红兵提出了以"核心发展力"取代"核心竞争力"的观点,他认为学校是超越功利的,从根本上说学校要的不是竞争而是发展。程红兵认为,学校核心发展力

---

① 王继华.教育核心竞争力:学校决胜教育市场必须回答的问题[N].中国教育报,2005—1—21.
② 徐建华.学校核心竞争力的特征、构成与培育[J].职业技术教育,2006,(8).
③ 胡永新.论学校核心竞争力管理[J].教育与现代化,2005,(4).
④ 李清刚.论学校核心竞争力的内涵与特征[J].教育导刊,2007,(1上).

是学校发展的根本要素,是一种扎根于学校组织内部,能够促使学校成为自主、自为、自律、可持续发展的文化主体的能力,是一种促使学校充分开发办学资源、积极利用办学资源,并使学校资源转化为学校文化,实现教育功能的能力①。

（二）学校文化力

学校文化的研究与实践可谓相伴相生、相辅相成。在笔者看来,所谓学校文化建设,并非是"无中生有"地去建设精神文化、行为文化等,而是将这些从建校之初就逐渐形成的文化现象按照教育的规律及办学者的意志加以优化完善,使其"能量"充分显现,形成对学校发展的强大推动作用。基于这种认识,"学校文化力"的概念应运而生。

有研究者指出,学校文化力是学校文化所产生的"能量",是学校文化元素对学校及其成员发展的作用力和对社会公众的影响程度,是基于学校文化的一种特定的、个性化的综合实力。学校文化力通过目标力、向心力、感染力、创造力、扩张力等得以展现,具有对内对外、正向负向的辩证功能。对于如何提升学校的文化力,有学者认为:学校文化力是一个因循文化、教育、力的规律而行的内在生成过程而非外部建设过程,所以,必须同时遵循文化生长规律、教育发展规律和力的运动规律,其作用点和着力点应以学校精神为核心,以学校制度为支柱,以行为要素为载体,物质要素为基础②。也有学者指出,要以构建学校文化系统来激活文化生命

---

① 程红兵.弃"核心竞争力"取"核心发展力"[N].中国教育报,2006—12—9.

② 乔红霞.试论学校文化力的生成与提升[J].解放军艺术学院学报,2009,(2).

力,以培育师生文化自觉来提升文化认同力,以优化学校组织结构来提高文化执行力,以建设学校特色文化来提升文化竞争力,以加强校长自身建设来提高文化领导力①。

（三）学校创新力

学校发展研究中的创新力研究多见于大学。在知识社会与经济全球化背景下,创新越来越成为国家发展的核心动力和国家能力建设的重要内容,而大学是新知识与技能的首要来源,因此,提升大学创新能力,为我国创新体系建设提供坚实的知识基础、人才资源和科技支撑,是当代中国大学改革与发展的紧迫任务,这便是大学开展创新力研究的宏观背景。这一领域的研究较多地围绕大学创新力不足的问题归因、大学创新力的构成要素、提升大学创新力的对策、大学创新力评价指标体系4个研究命题展开。

本书关注的是基础教育学校的发展问题,故对大学的创新力研究不多做述评。不过值得注意的是,学生的创新力、学校的创新力并非自发形成的,培养创新人才也不仅仅是高校的职责,在提升学生创造能力和创新素养、建设创新型国家的过程中,基础教育也应该承担起自己应有的责任与义务。钟祖荣在《创新型国家建设与基础教育的使命》一文中指出:"人才是具有比较丰富的知识和较强的能力,能够进行创造性劳动,以创造性成果为社会发展作出贡献的人。人才的本质特征是具有创造性。基础教育就是为学生今后进行创造性劳动打好基础,这个基础就是具有比较突出的创造性,包括创造精神和创造能力","培养创新人才应该是所有基础教育阶段学校的使命。教育者应该有这样的认识:每个学生都是

---

① 周吉群.学校文化力及其提升策略[J].教育科学论坛,2011,(6).

潜在的创造性人才,都需要我们去开发","培养创新人才,必须沿着从继承到创新的道路进行。基础教育侧重在继承,高等教育侧重在创新","在基础教育阶段要培养学生的创造性,需要在三个层面进行改革,一是制度性改革,二是学校文化的改革,三是教育教学体系的改革①",这些观点,不仅增加了我们作为基础教育从业者的骄傲与自豪,也让我们深刻感觉到进一步深化学校教学与管理改革的必要性和紧迫性,毕竟,一所没有创新力的学校,是断然难以培养出具有创造力的学生的,也是无法承担起创新型国家建设的神圣使命的!

（四）校长领导力和学校领导力

校长领导力研究是学校发展"力"的研究中文献最多、成果最丰富的。这些研究成果主要集中在三个领域:

其一,是校长领导力的综合性研究。与其他学校发展"力"的研究相似,校长领导力的综合性研究也集中于概念、结构、价值、提升策略等方面。这其中有一些观点值得重视:第一,校长行政化色彩过于浓厚,专业化意识普遍缺乏,亟须从专业角度来定位校长角色,而校长领导力研究将促使校长角色从传统行政领导向专业领导转化②;第二,应在学校变革的时代背景中审视校长领导力建设,强化校长的变革性领导力,更多关注学校运作的过程及学校创新能力的提高,办学思路要从被动依赖转为主动选择,组织设置要从科层式结构转为专业结构,管理重心要从外控式管理转为校本管理③;第

---

① 钟祖荣.创新型国家建设与基础教育的使命[J].人民教育,2008,(7).
② 姜美玲,等.学校内涵发展中的校长领导力[J].全球教育展望,2010,(8).
③ 张爽.论当前学校变革情境中校长领导力的提升[J].当代教育科学, 2010,(18).

三,虽然校长领导力被普遍理解为校长的一种影响力,但若仅是个体之间随意的影响作用则称不上是领导力,这种影响必须基于共同目标,应以权力性影响力为领导力核心要素,以非权力性影响力为动力要素,要将校长领导力从校长所具有的人格特质转而定义为一种活动模式①。

其二,是校长领导力的分类型研究。所谓分类型研究,是指将校长领导力具化为文化领导力、价值领导力、道德领导力、课程领导力、教学领导力、信息技术领导力等进行分别研究,其中价值领导力、课程领导力和教学领导力是此类研究的主要对象。关于价值领导力研究,有学者指出,校长的价值领导力具体表现在:对社会主流价值的理解和把握;对当代基础教育改革中主流价值的选择和执行;对本校主流价值的提炼和变革以及对主流价值的渗透和转化②。关于课程领导力研究,除意义、内涵、实施路径等论述外,亮点在于如何理解校长在课程领导中的角色定位。关于教学领导力研究,值得一提的是赵茜和刘景采用量化和质性研究相结合的方法,构建了包括教学领导行为(指导教学组织、策划教学活动、提供教学条件、监控教学情况)和情境因素(学校组织状况、经济状况、校长办学自主权、校长在本校的任职年限)在内的校长教学领导力模型③。

其三,是从校长领导力走向学校领导力的研究。学校领导力是一个新兴的研究与实践领域。随着研究的深入,人们逐渐认识到,一个学校仅有强有力的校长是不够的,教师、行政人员、学生等学校组织成员的领导力水平同样重要,由此,以教师为代表的领导

① 英配昌.学校发展中的校长领导力[J].教育科学研究,2009,(12).
② 李政涛.校长如何实现价值领导[J].中小学管理,2011,(1).
③ 赵茜,刘景.我国校长教学领导力模型研究[J].中小学管理,2010,(3).

实践开始受到重视。有研究者指出,学校领导力分布于学校组织内所有成员身上,是组织成员在与学校内外环境互动的过程中发生的,它是为了实现学校愿景而产生的影响力,这种发生于个人之间的活动势必会给组织结构带来变化①。

二、挖掘促进学校发展的力量之源

引发学校变化的正向力量是促进学校变革、提升学校品质的重要力量来源。通常说来,学校发展是内外力量共同作用的结果,这些力量正负交错,形成一个力量场。因此,身居场中的学校管理者,要充分认识到,学校发展的力量来源是促进学校发展的前提和要务。学校发展的力源很多,从学校内部力源看,充分认识、挖掘和利用规划、领导、管理、课程与教学、科研、学习、文化、和谐等力源是提升学校品质的关键。一般而言,学校发展的力源难以自发地发挥作用,需要学校管理者基于历史与现实的挖掘、保护和培育,而这一工作,主要可以从三方面途径入手。

(一) 学校管理层的管理活动产生力源

一般而言,学校中的规划力、领导力、管理力主要基于学校管理层的引导、组织、激励活动而产生,但又与学校中其他人员的活动息息相关,在各种力源中处于较高层次,对其他力源的产生与发展起着引导、整合和强化作用。

1. 规划力

所谓规划力就是制订、实施和修正学校发展规划的过程对学

① 孟繁华,等.学校发展论[M].北京:教育科学出版社,2011.121—123.

校整体工作所产生的一种影响力。学校规划是在充分认识当前学校发展状态基础上的面向未来编制的发展计划。具体地讲,好的规划具有鲜明的符合组织"最近发展区"的目标体系和行动方略,是对学校组织的合理合情合实际的前瞻,具有整合学校现有资源、挖掘学校外部资源的具体措施,能够让学校内外部相关人士产生发展的意愿并乐意采取具体的行动。学校规划的制定主体是多元的,学校管理层起着决定性的作用。学校发展规划始于对内外环境的体察、思考和前瞻,目标是解决发展中的问题,唤起发展的意识,谋划发展的步骤。规划学校发展既是一种战略管理,也是一种过程管理,更强调执行。

2. 领导力

领导力来自领导,是学校各层领导者运用领导元素所释放的一种影响合力。从领导学上讲,领导不是一个职位,而是一个过程或角色[①]。从这个角度讲,学校中校长、中层以上骨干以及教师都是领导力之源,能产生各自的领导力。校长的领导力表现在对学校办学方向、办学方式以及办学策略的正确引领上;中层主任的领导力体现在对校长领导力量的放大和具有创造性的执行上;教师的领导力往往容易被忽视,成为有待释放的力量。实际上,教师是上述力量的最后激发者,来自底层的力量往往经过"蝴蝶效应"成为学校文化濡染的源泉,重视并发扬教师的领导力已经成为主要发达国家教育改革与发展的重要举措。领导力是学校的灵魂,能够诱发和引发其他诸力源,而只有三股领导力源源不断地一起作用于"学校发展"这个目标上,领导力才能发挥出最大的效能。

---

① 彼得·诺思豪斯. 领导学:理论与实践[M]. 吴荣先,译. 南京:江苏教育出版社,2002.5.

3. 管理力

通俗地说,管理力就是领导愿景的执行力,也就是办好领导者所交待的任务的能力。一般说来,学校的管理力主要来自校长和中层,实际上,优秀学校的管理力量来自学校中的每一个人。校长、中层、教师和学生构成一个覆盖全校的管理力源系统。管理力强调管理者有把事情做好的愿望、策略并外显为行动的能力,也就是自觉、坚定地依规依章把事情做成功的能力和作为。

(二) 教师个体和团体的教育教学活动产生力源

学习力、课程与教学力、科研力主要基于学校中每一个体开展的教育教学和其他岗位活动而产生,但并非个体活动及能力的简单相加,而是每一个体围绕团队目标,既相互配合、通力合作,又积极发挥个体能动作用的结果。

1. 学习力

学习力产生于学习,即学校个体、团体以及全体学习先进理论、先进人物、先进经验之后所迸发的、最终化为行动的力量。学习力不是学习的能力,而是将学习能力转化为行动,并经反思甚至创新之后作用于学校实际工作中的能量。自从知识社会出现以来,社会及其组织向学习化社会和学习型组织转变成为必然,学会学习成为所有人的共识,学习力的大小已经被认为是提升个人和组织发展的基础力量。学校中的学习力通过三个系统作用于学校:领导者的学习力,这是学校学习力的核心;教师的学习力,是学校发展的源泉;学生的学习力,是学校办学的根本。三力合一,构成学校组织的学习力源。总之,让学校学会学习是学校生存的前提,也是学校发展的根本内在动力源。

2. 课程与教学力

所谓课程与教学力就是学校在课程与教学的展开过程中所释放的能量。课程与教学力包含课程开发的引导力、课程实施的强制力、课程与教学评价的反思力、教学过程的生成力和交往力等。优质学校的课程与教学力往往是学校发展的重要力量。特色学校之特也主要体现在课程与教学力的向度之上。课程开发的力源既由专家提供,也由教师提供,更不能忘记学习的主体——学生;课程与教学必须借助一定的强制力才能产生所谓的生成,这种强制力来自课程与教学制度的规范。因此,课程与教学制度的健全和执行是课程与教学力量的来源之一;为了产生更强大的力量,课程与教学评价的目的就必须促进各参与课程与教学展开过程主体的反思,由此才能产生评价反思力。

3. 科研力

学校的科研力来自学校领导者、教师和学生的科研活动中,是学校教师和学生研究能量的释放。现代学校的研究性学习、学校本位的课程开发、基于学校和为了学校的教学研究都需要科研力量的强力支撑。教师有了科研力,自身的教育教学力就会不断提高,学生的学习效率也就有了保证;学生有了科研力,国家的未来就有了希望。从教师角度讲,教师的科研力主要体现在基于学校、为了学校、在学校中研究的教研文化中,体现在善于发现管理和教学中存在的问题,能够科学有效地解决这些问题的愿望、能力和行动上,体现在勇于反思、开拓创新的活动中;从学生的角度讲,学生的科研力体现在探究学习方法的掌握上,体现在质疑精神的养成上,体现在创新思维的形成中。实际上,科研力是学习力的高级形式,贯穿于学校的整体工作中,并对学校发展产生着持续性的重要影响。

（三）力源的综合和历史积淀

文化力、和谐力不可能在一朝一夕间形成,而它们对学校教育教学活动的影响又是潜移默化和至关重要的。实际上,这两种力源既是学校中各种力源的综合表现和历史积淀,又是各种力源对学校发展起正向作用的前提和基础。

1. 文化力

学校文化非常复杂,通常表现为精神文化、物质文化、制度文化和行为文化。因此,文化力也是这四个系统的综合体现,其大小、方向都决定于系统的功能和结构。文化力是学校文化的发展"能量",是基于文化遗传和进化的一种特定的人本力量,它集中体现于学校的自我驱力与外部张力,也就是文化育人和文化化人的力量上。文化力是整合其他力量的媒介,发挥着最高的协调力量,已经成为学校发展的关键力源。从这个角度讲,学校文化是学校发展的基础力源,其建构过程非常复杂,是文化遗传、环境以及文化消费主体的相互作用过程。

2. 和谐力

和谐力是一种协调的力量,既来源于学校系统的自组织,也来源于学校中人,特别是在规划、领导和管理过程中对上述诸力源的规律性认识和实践之上的组织。和谐力源的自组织是学校文化的功效,其基本原则是"对外开放、对内搞活"。学校和谐力的养成,首先强调力量使用时的和缓。因为学校面对的是人的教育,需要和风细雨、润物无声的力量;其次,和谐力强调力量使用之联合作用。学校无小事,处处皆教育,学校的教育效能来自所有的力源,而联合的同一方向之作用力才最为有效,否则,相对和相反的力会造成教育的扭曲;最后,和谐力强调力量之配合的适当和匀称,强调力量之权变作用。和谐力的发挥要把握学校整体，既需要通过融合矛盾、冲突，以达至一种协调、平衡、有序发展的态势，又需要通过竞争、流动、创新等方式激活新的力量以打破旧的平衡①。

三、本书的架构与设想

将"力"的概念引入学校发展研究，给我国教育发展和学校管理改革带来了积极深远的影响，它不仅在理论上开辟了新的领域，而且为办学者建立了新的实践坐标，有利于推进学校乃至教育文化、教育制度的深层次变革。然而，考察学校管理的各"力"，可以发现几乎所有的"力"都是中性的，也就是说，这些"力"，可能促进也可能阻碍学校的发展。如果要达到全面提升学校品质，促进学校发展的目的，学校中人以及学校的管理机关最大的任务就是如何认识、挖掘、使用和发挥学校各种力源的功用问题。

从学术研究的角度看，学校管理和学校发展中的这些"力"的概念基本上都源于企业管理研究，而教育研究者们在引进这些概念时比较偏重于对"外来"成果的直接移植和应用，往往忽略了对这些理论背后的"元理论"的探究，更忽略了对教育自身"元理论"的追溯，因此学校发展的各种"力"的研究理论根基不够坚实，对教育活动特殊性的考量也略显不足。此外，学校发展研究中各种"力"的概念大量涌现，但多数研究都是在自己预设的边界内进行阐述，基本上没有顾及相临概念的研究成果，更没有树立起触类旁通的意识，以至于许多研究都是自说自话，造成相互之间在论述上的矛盾或交叉。因而，有必要从整体视角来

---

① 李黎. 提升学校品质的内在力源[J]. 中国教育学刊，2010，(3).

审视这些研究的异同，以整合的、校本的乃至原创的思路对它们加以改进提升①。

在笔者看来，学校的整体变革，是学校各项工作统筹协调的结果，需要学校各利益主体积极性、主动性的发挥。尽管学校管理的复杂性在当代社会背景下显现得越来越充分，但是万变不离其宗，学校的核心工作无非还是教学、科研、文化、课程，围绕的中心还是学生的成长，基本的依靠力量还是教师队伍的专业发展，这样就意味着，不管我们给促进学校发展的"力"赋予怎样的名称，其所表征的实质内容都可谓大同小异。我们认为，推动学校的发展，实现学校办学品质的提升，最为关键的不是我们总结得出怎样的"力源"，而是我们在这一过程中进行了怎样的思考和实践。从整体上设计思考学校的发展，是我们一贯秉持的价值观，本书所呈现的学校发展的十种"力"，集中体现了笔者所在的学校——上海市中山北路第一小学在学校管理和学校发展领域所进行的持续性思考，为这种思考带上整齐划一的"××力"的称谓，不仅是为了写作的需要，更重要的是这样的表述方式朗朗上口，容易深入人心，并转化为师生日常行为的驱动器和导航仪，或许，这才是实现学校发展和办学品味提升的关键。

---

① 沈曙虹.我国学校发展"力"的研究述评[J].教育研究,2013,(2).

第一章　以办学理念为引领，
提升学校发展的驱动力

> 从学校变革内在需要的立场看,学校发展规划具有重要的价值,是促进学校发展、促进校长和教师成长、促进学校系统整体变革的重要改革实践。学校发展规划的过程,乃是一个研究自己的学校、形成办学指导思想和具体目标、对学校变革的时空与实践进行具体策划、执行中不断调整的过程。学校发展规划的价值实现,需要观念、思维方式、精神状态等内在条件的支持。
>
> ——李家成(华东师范大学教育科学学院　教授)

任何学校的发展都离不开办学理念的引领,如何构建符合教育发展特征和学校师生特质的办学理念,并通过学校发展规划将办学思想一步步转化为办学行动和办学效果,是学校管理过程中无法绕行的关键路径。

中山北路第一小学始建于 1946 年,原名中山路国民小学,1950 年启用现名。这是一所有着优良办学传统和深厚文化底蕴的中心校。改革开放初期,学校本着"教好每一个学生"的指导思想,发扬"不怕差,只要抓,因为差,更要抓"的奋斗精神,铸就了一支"爱岗敬业,勤奋进取,严谨扎实"的教师队伍。1989 年 4 月 13 日,江泽民同志在曾庆红、袁采等领导的陪同下,亲临学校视察并挥笔题词"教书育人"。2001 年 10 月区教育局投入 2000 余万元人民币,将原校址建成如今设施齐全,具有相当规模,充满时代气息的新校舍。2005 年 7 月,石泉转制小学并入我校。石泉转制小学在 8 年的办学实践中,打造了英语强势学科,培养了多名在区内有一定知名度的英语骨干教师。为此,两校合并,"强强联手,打造品牌,建设让普陀人民满意的学校"的优质品牌学校成为新一轮的发展目标。

在学校发展的过程中,如何让不同社会阶层、不同经济背景,不同文化层次家庭的学生享受公平的、民主的、均衡的教育,让优质的教育惠及每一个来中北一小就读的学生? 这是一个始终萦绕在学校管理者和教师们心头的重要问题。基于对公共教育服务均等化,实现优质均衡的教育公平的理解,学校管理者汇集教师们的智慧,重新审视和明晰了学校的核心价值体系,提出了"关爱合作,和谐发展"的办学理念,并逐渐将之演变为中山北路一小全体师生公认、共享的价值追求和行动指南。

"纸上得来终觉浅,绝知此事要躬行",我中山北路一小办学理念的提出和落实,不是一种纯粹的主观臆断,也不仅仅是学校领导者"拍脑袋"得出的个性化表述,而是建立在对办学思想对学校发展重要引领作用的深入理解和对学校办学现实问题的深入分析基础之上得出的共性认识。

第一节　基本立场：学校发展必须
强化理念引领

20 世纪 90 年代，在推动学校改革与发展的研究与实践中，有学者主张"走向理念办学"，认为学校不能拘泥于陈旧的管理模式和满足于短期的规模效益，而应确立一个全新的办学理念来指导办学活动和规范办学行为。这种主张日渐得到学校的广泛响应和积极支持。此后，无论中学还是小学都特别重视发挥先进办学理念的作用，纷纷提出和提炼各自的办学理念以指导学校的改革、创新。

一、办学理念的内涵与结构

理念，即理想和信念，是概念、观点、观念或思想及价值追求的复合体。理念是一整套的概念体系或观念体系。办学理念是学校成员对学校的理性认识、理想追求及所持教育观念的复合体，是学校自主建构起来的办学指导思想。欧美和我国港澳地区的学校直接称之为"学校教育哲学"。

办学理念是建立在对教育规律和时代特征深刻认识基础之上的，它必须回答"学校是什么"、"学校具有什么使命"、"学校发挥什么作用"等基本问题。这里需要指出的是，办学理念不是一个口号，不是一个教育政策，不是一种教育模式，而是沉淀了学校的历史传统，反映学校的社区背景，以及校长和广大教师共同愿景的教育思想体系。从这一点出发，可以把办学理念与学校的办学目标、办学模式、办学特色、校训、校风等区分开来。因此,许多人把办学理念视为学校发展的灵魂和命脉,其重要性不言而喻。

学校办学理念是学校全体成员办学理念的复合体,包含了校长、教师、学生、家长等学校发展利益相关主体对办学理念问题的思考与独特需要。校长的办学理念是学校办学理念的主要成分,但我们不能就此简单地认为,校长个人的办学理念就是学校的办学理念。近年来,由于教育界强调教师的专业发展和教学自主权,教师对学校办学理念的形成正在发挥积极的作用,因此,学校必须重视教师的意见、愿望、志趣,将教师对办学的意见和建议置于一个合理的位置。同样,学生对学校尤其是课堂教学的感受、看法和建议非常重要,学校更应予以重视。此外,家长的教育理念和对学校的期盼也是学校办学理念的重要组成部分。在现代学校中,学校管理者应重视家长的作用,主动听取和吸收家长有关教育的愿望、意见与建议。

学校办学理念的复合体结构,决定了它包含多重的关系:首先,从对学校发展的影响来看,办学理念包括学校主导的办学理念与非主导的教育理念。主导的办学理念反映了学校成员对办学的一致主张和学校发展的共同愿景,主导学校改革与发展的方向;其次,从教育专业性的角度来看,它包含校长、教师等专业人员的办学理念,以及家长、社区成员等非专业人员的办学理念,其中校长与教师的办学理念代表着学校最基本的价值观,是学校办学理念结构的价值原点;最后从学校内部管理来看,学校办学理念主要是指校长的办学理念与教师的办学理念,其中校长的办学理念处于主导地位,起着核心作用。在学校中,校长的办学理念能把学校的办学宗旨、办学目标、办学模式、行为规范等整合成一个有机整体[①]。

---

① 陈如平.如何提出和提炼学校的办学理念[J].中小学管理,2006,(10).

二、以办学理念引领学校发展

用办学理念指导学校发展,着力需要解决的是"办学理念"与"办学实践"的两张皮现象。① 用科学的办学理念指导学校改革与发展的实践,是一所学校办学由盲目走向自觉,从感性走向理性的重要标志。只有把办学理念作为学校的灵魂和发展指南,学校的整体行为才具有自觉性和目的性,才能保证学校不断地前进和发展。

(一)用办学理念统一办学思想

要发挥办学理念统一思想和精神动员的作用,引导和激励学校成员统一意志、坚定信念、形成办学的凝聚力和向心力。这一目标的实现,特别强调学校管理者在办学理念形成、解释和践行过程中的引领作用。作为学校管理者,要增强主动意识和责任意识,将办学理念内化为一种潜在的精神领导力量,使办学理念得到广大教师的认同,内化为每个人的认知和意志,进而用办学理念进行自我评判、自我监控和自我激励。如果学校管理者对本校的办学理念都做不出界定和解释,教师甚至都说不清办学理念的内容,用办学理念统一思想意志就是一句空话。

(二)用办学理念明确办学方向

要按照办学理念的要求明确学校的办学指导思想、目标定位、发展思路,确定教育教学改革的重点和方向,设计并组织实施各项

---

① 史燕来.中小学校办学理念探析[J].中国教育学刊,2004,(5).

教育教学活动,使学校运行成为践行办学理念的过程,避免办学的盲目性。要通过学校文化的积淀,以办学理念为辐射源,通过办学理念的有效延伸,在实践的基础上形成校训、校风、教风、学风等,将办学理念转化为支配学校运行的价值取向和行为定势,使办学实践在办学理念的引领下沿着正确的方向发展。

（三）用办学理念引导教育行为

要把办学理念作为一条主线,贯穿到教育教学的全过程,对教育行为进行“软约束”,引导学校及其成员按照办学理念的要求实施教育教学活动。要依据办学理念合理确定学校运作的基本原则,科学选择具体的治校方略,促进学校运行各个环节的不断完善和加强,推动学校机制创新,使学校运行走上科学、制度化的轨道,提高运行效率。学校成员的教育行为也要统一于办学理念之下,要使办学理念成为群体的行为指南,引导和规范师生的具体教育教学行为方式,形成较强的内驱力和自制力,自觉地按照办学理念的指向履行自身的职责,积极主动地践行办学理念。

学校发展,之所以需要办学理念的引领,主要是基于以下两个方面的思考:

首先,是基于时代发展的需要。现代化是我们的时代主题。现代化在带来进步的同时,也带来了种种问题。其中最大的问题在于人们越来越远离精神生活,越来越远离崇高,越来越迷恋于物质生活和感官生活,使人们普遍生活在空洞、孤独与焦虑之中。这虽然不完全是由教育引起的,却是与教育息息相关。教育应当促使人心理的健康发展,应当不断提升人的道德水准,应当引导人们确定并坚守人的精神信念,应当促进人的精神发展。要开展精神教育,必须确立一些基本信念。缺乏基本信念,教育就不可能成为精神教育,也就不可能发挥出对时代发展的引导作用。也就是说,中小学的办学理念,不但影响着学校自身的发展,甚至影响着他所处的时代的发展。

其次,是基于学校组织自身发展的需要,学校作为专门的教育组织,与政治组织、经济组织相区别的最重要属性就是其文化属性,学校发展过程中,应该注重精神文化的塑造。学校的精神文化,主要是生活在学校中的人的精神的外化,学校的精神文化与生活在其中人的精神文化具有同质性。学校办学理念对学校精神文化的发展,对教师精神生活具有重大而深刻的影响。从笔者从事学校管理实践与研究的经验看,一个显著的现象是学校如果有先进的办学理念,则教师就有信念,学生发展就比较生动,学校精神文化就比较丰富,学校就发展得比较快速,否则,学校发展得就不但比较慢,而且容易给人一种缺乏灵魂和气质的感觉①。

第二节　办学思想:我们的教育价值观和发展观

随着新课程改革的深入和学校办学自主权的扩大,学校变革越来越成为人们关注的重要话题。学校变革的实质在于使学校形成一种适应社会不断变化的新机制。从总体趋向看,学校变革反映出学校由外部转向内部,由宏观转向微观,由表层转向深入的新图景。在这一系列的转变过程中,人们对学校变革形成了诸多新

① 叶文梓.论中小学校长的办学理念[J].教育研究,2007,(4).

观点,各个学校也依据自身发展实际,对学校的教育价值观与发展观进行了多维度的设计和考量,也同样形成了许多特色化的观点,这些观点成为学校发展的新的思想基础。

在笔者看来,一所学校的办学思想,可以从多维度进行设计和表达,但是其中最为核心的是学校是师生的教育价值观以及发展观:教育价值观是学校在办学过程中所推崇的基本理念和奉行的行为指向与准则,是对教育的意义和学校存在价值的一种终极判断,因此,教育价值观是学校办学思想的核心要素,集中反映了学校成员对教育事物根本特征的认识与判断,它从深层次影响学校成员的思想方法与行为方式,规定和制约办学理念其他方面内容;发展观本质上是一个哲学命题。唯物辩证法认为无论是自然界、人类社会还是人的思维都是在不断地运动、变化和发展的,事物的发展具有普遍性和客观性。发展的实质就是事物的前进、上升,是新事物代替旧事物。因此,必须坚持发展的观点看问题。在社会历史领域,发展观是一定时期经济与社会发展的需求在思想观念层面的聚焦和反映,是一个国家在发展进程中对发展及怎样发展的总的和系统的看法。确立什么样的发展观,是世界各国面临的共同课题,它也是伴随各国经济社会的演变进程而不断完善的。教育中的发展观,集中表现在我们以怎样的形式推动教育场域中的师生实现怎样的发展,它集中回答的问题是"学校具有什么使命"、"师生需要达成怎样的发展"以及"学校以怎样的方式承担相应的使命,促进师生的发展"。

学校的办学思想主要涉及三个维度,即有关人的思想、有关工作内容的思想和有关管理制度的思想。有关人的思想涉及全体学校成员,它主要是指对学校成员作为一种客体在教育过程中所获得的认识与判断,有校长观、教师观、学生观、家长观等;有关工作内容的思想，主要是指学校成员对教育事物的特征及各自工作的认识与判断。具体展开，它包括学校管理思想、课程思想、教学思想、学习思想、学校文化思想、制度建设思想、教育科研思想等，这些占据了学校办学思想的主要内容，也正是这些理念内容使得学校办学思想变得更加绚丽多彩；有关管理职能的思想涉及学校管理工作的方法和手段，例如学校发展规划的制订、学校工作指挥链的建立、学校评价监督制度的建设、教育人力资源建设等诸多方面①。

在学校的办学思想中，关于人的思想是最为核心的，我们学校的教育价值观和发展观，实际上也是围绕人的因素设计展开，或者更为聚焦地说，我们认为人是学校的核心因素，而学生又是人的因素中最为关键的因素，直接体现学校的办学目的与价值，学校的教育价值观和发展观，最终都应该落实和体现在学生之上。

一、"关爱""合作"的教育价值观

我们用"关爱、合作"来表征我们的教育价值观。

关爱，意为关心爱护。关爱具有极为丰富现实的心理意义和社会价值：关爱是一个眼神，给人无声的祝福；关爱是一缕春风，给人身心的舒畅；关爱是一句问候，给人春天的温暖；关爱是一场春雨，给人心田的滋润；关爱是一个微笑，给人亲切的关怀；关爱是一湾清泉，给人心灵的洗涤。关爱之心是一种品德，也是一种境界，更是一种态度。

对于教育而言，关爱有着更为直接而现实的意义：教师只有真

---

①　陈如平.以理念创新引领学校变革[J].人民教育，2007，(21).

正关爱学生，才能在教学与管理工作中尊重学生的生命和个性，自觉以学生的成长需要为基点设计和改进自己的教学；教师只有真正关爱学生，才能更加清晰地认识到自己所应承担的教育使命，自觉推动自身的专业成长，提升教育教学质量；教师只有真正关爱学生，才能形成对教书育人工作的深厚情感，而这些情感的存在，正是任何教育与管理活动顺利开展并取得理想成效的前提；教师只有真正关爱学生，才能在师生相处的过程中做到彼此理解和尊重，这对于构建和谐的师生关系具有重要的现实意义。鉴于此，在我们看来，关爱学生，不仅是教师良好职业道德的体现，是教师专业发展的重要内容，也同样是教育活动顺利开展的先决性条件。此外，在我们的理解中，教师对学生关爱，体现了教师教育观念的转型：关爱的对象——学生，不是一个抽象的群体，而是一个个具体的个人，强调教师关爱学生，实际上是要求教师在教书育人的过程中对不同阶层、不同性别、不同家庭出身、不同发展水平的学生做到一视同仁，都能够给予他们足够的、平等的关爱。因此，从这个意义出发，"关爱"的教育价值观，不仅体现了对教师职业道德、专业发展的内容界定，体现了对教育教学活动规律的认知和把握，更为重要的是体现了追求公平的核心理念。

合作就是个人与个人、群体与群体之间为达到共同目的，彼此相互配合的一种联合行动、方式。在经济社会迅速发展的今天，学生合作能力的培养越来越成为一个广受关注的命题。应该指出，合作能力是当代社会每一个生命个体都必须具备的重要能力，从小抓起，培养学生的合作意识，锻炼学生的合作能力，使学生逐渐懂得合作的价值和方法，是现代教育的应有之义。在我们看来，一方面，学会合作是使学生形成健全人格的需要，强化学生合作意识的培养，有利于较早地在学生的头脑中建立起合作的意识，有利于学校在与同伴及其他人的合作中逐渐学会合作，从而使其进一步融入集体，形成团队意识与团队精神，同时，也有利于学生的身心健康发展；另一方面，学会合作是建设和谐社会对人才培养提出的新的要求，当今社会的发展，赋予了团队合作越来越深刻的意义，许多大的工程、大的项目，都是基于团队之间良好的合作才能得以完成，学生要适应未来社会的需要，必须从小树立合作的意识，提升合作的能力。无数事实证明，我们已进入了一个团队制胜的时代，在这个时代，没有谁能独立取得成功，只有融入团队才能使个人的作用达到最大化。因此，从小学生抓起，教育他们继承并发扬前辈的光荣传统，使自己也具有对工作的崇高责任感和大局意识，具有良好的合作意识和合作能力，对于他们未来成为合格的现代化的建设者来说是十分必要的①。此外，就基础教育改革的趋势看，合作同样是教育改革的关键词，例如新课程改革强调的合作学习，实际上就是强调了学习过程中学生与学生、学生与教师之间的合作；再如教学过程中"教学相长"理念的践行，实际上也是强调师生之间基于共同目的的良性合作与互动；教师专业发展过程中的团队合作，也是强调教师为实现共同的发展目标而不断分享、互助。同时我们认为，不论是学生之间，还是学生与教师之间，合作的前提是彼此的认可与尊重，因此，教育中的合作，实际上也在一定程度上彰显了民主的价值与意蕴。

　　总之，我们认为，关爱是生活的基础，合作是成长的阶梯，两者统一于人的生命存在和发展中。关爱，要求学校和教师要关爱每一个学生，把师生关系看作是一种"教学相长"的合作关系，让每一个学生公平地享受优质的教育资源和均衡的公共服务。通过创设

---

① 赵殊.谈儿童合作能力的培养[J].教育探索,2010,(5).

"实践、体验、感悟"的平台,让学生在"尊重平等、互助关爱、协作共生"为特征的团队氛围中,经历"关爱自我、关爱他人、关爱自然、关爱社会"的情感体验,积累生活经验,从而内化为爱的行为,逐步完善人格构建,从而让关爱成为我校"人文化校园"的核心价值追求。"关爱"体现的是教育公平的思想,"合作"则体现了教育民主的观念。"爱在心中"是我校师生共同的心灵呼唤和自觉追求,在"关爱"的氛围和土壤中,自然而然地滋养着、成长着师生合作、生生合作、教师团队合作、家庭和学校合作等教育民主的绿叶,逐步形成了我校以"关爱·合作"为核心特征的人文化校园,也逐渐成为师生共同认可和遵循的核心价值。

二、和谐的发展观

以人为本的科学发展观、建设和谐社会的目标,为未来的教育发展奠定了基本价值和方向。今天,特别需要在新的起点上,按照这一要求审视和更新我们的教育理论,建立与之相适应的新的教育发展观和教育理想。

面向未来的新的教育发展观、教育价值观,应该建立在这样几个基本价值和社会需求之上:社会公平和正义的社会主义核心价值,青少年身心发展、促进人的协调发展和有效社会化的教育规律,建设社会主义市场经济体制、政治文明和精神文明的社会现代化任务,教育民主化、多元化、选择性、开放性等教育现代化的基本价值,对当前突出的教育问题的针对性。它可表述为以公平的发展为特征的教育发展观、以人为本的教育价值观这样两部分[1]。

---

① 杨东平. 和谐社会的教育发展观与价值观[J]. 人民教育,2007,(8).

对于学校来说，人是最重要的发展主体，也是最能体现学校价值的发展主体。以学校办学目标为核心表征的发展观，实际上最终要体现在师生的生命成长之上。根据对当代中国社会发展与基础教育改革的审视，我们确定了"和谐发展"的教育发展观。和谐发展观体现在群体和个体两个层面，从群体层面看，主要是实现教育发展成果的共享，强调教育要面向全体学生，以促进全体学生的普遍发展为基本价值追求；从个体层面看，主要是指教育要关涉每一个具体的生命，促进学生个体基于原有基础的成长与进步，实现学生的全面发展与个性生成。

从我们的理解看，和谐的发展，主要有三个层面的意思：其一是基础性，即教育面向所有的学生，要求学生在学校教育的体系下达成课程标准所规定的基本知识、技能、情感目标；其二是优质性，即追求更为优质的教育，实现师生更高层次的生命成长，让师生更好地享受教育改革与发展的成果；其三是协调性，即追求教育的民主性和公平性，实现师生的全面发展和素质提升，兼顾师生群体与个体的平衡，追求和谐美好的发展图景。

教育发展观与教育价值观有着内在的联系，通过建设和谐的校园物质文化、制度文化、行为文化和精神文化，促进学生、教师、学校在"关爱·合作"的文化氛围中获得基本的、优质的、协调的发展，以发展求和谐，以和谐促发展，是我们学校办学的核心追求。

"关爱·合作"根基于校情，体现了我校教育公平和教育民主的教育思想，是基础性、前提性的元素，而"和谐发展"是我校的办学追求，是目标性、归宿性的元素。其间的关联是："发展"是最终目的，"合作"是平等互动的过程，"关爱·合作"是人与人之间的平等、信任、互助以及利他即利己而形成的凝聚力。它注重的是学生成人、成才基本素养与基本技能的培养；强调的是教师师德、师能的和谐发展,追求的是学校的协调建设、有序提升、优质发展;最终要实现的是师生生命质量的提升。

第三节　立足现实:学校发展的基础

学校的发展与变革,若要取得理想的成效,必然建立在对学校办学现实的深入分析和准确把握之上。

一、学校发展的基础

学校占地约 13 亩,建筑面积 8575 平方米。现有 25 个教学班,共有 730 名在校学生。学校现有教职员工 72 人,63 名在岗、在编教师。教职工学历、职称、年龄结构等基本情况构成如下:

教师(人)	职称结构			学历结构				年龄结构			骨干教师结构			
	一级	小高	中高	研究生课程班	本科	专科	中专	35岁以下	35至45岁	45岁以上	高级指导教师	教学能手	教坛新秀	校级骨干
62	14	46	2	5	32	26	4	26	33	3	2	7	1	21
百分比	22.6%	74.2%	3.2%	9.5%	51.6%	41.9%	6.5%	41.9%	53.3%	4.8%	3.2%	11.3%	1.6%	33.9%

二、学校发展的优势和机遇

学校遵循"关爱合作,和谐发展"的办学理念,围绕把"学校办成社会和家长满意的优质而健康的品牌学校"的办学目标,在上级领导的亲切关怀和全体师生的共同努力下,采取了切实而有效的措施,为学校的持续发展奠定了良好的基础。学校发展的优势与机遇主要体现在以下几个方面。

(一)"教书育人"成为学校发展的精神动力,推动学校文化建设

近年来,遵循江泽民同志的题词,根据校情和发展愿景,我们初步架构了办学基本核心价值体系。

(二)"科学性和人文性协调发展"的管理模式初步形成

我们将"管理有格、管理有序、管理有方、管理有效,营造科学性和人文性协调发展的管理模式"作为学校管理活动的目标。以"讲求全面性、注意系统、配套;讲求科学性、注意规范、合理;讲求人文性、提高执行力"为原则,制定了《学校章程》,又依据《学校章程》,建立了《部门工作制度》、《人员岗位职责》、《质量考核制度》三大制度体系。建立了"决策—执行—操作—反馈"的管理运行机制,同时规范管理流程,做到工作有计划,措施有落实,检查有反馈,总结有交流。落实了在管理中坚持一要突出工作重点,协调好"常规管理,突出检查,改革创新"三者之间的关系;通过"思路引领,实践探索,协调推进,总结反思",促进管理常规化、制度化,形成长效机制;通过网络化、信息化的管理手段,提高管理效益。二要以人为本,正确处理"约束与激励、服从与协调、求同与存异"的关系,充分调动教职员工的积极性、主动性和创造性。近年来,学校在各级领导的关心、支持下,在全体教师的共同努力下取得了一系列的成绩,我校曾荣获上海市办学先进单位、上海市安全、文明

校园、上海市行为规范示范校、上海市红旗大队、普陀区文明单位等 36 项市、区级荣誉称号；成为上海市"愉快教育"、"家庭教育"、"小学语文教育专业委员会"、"双语教学"、"宇航教育"等项目的实验基地。

（三）"勤奋、规范、智慧教书育人"的教师团队初具规模

学校在区教师专业发展《四年行动计划》的指导下，围绕"勤奋、规范、智慧教书育人；爱岗敬业，为人师表，能勤奋教书育人；遵循规律，遵守原则，能规范教书育人；专业发展，与时俱进，能智慧教书育人"的目标，借助多个发展平台，提升了教师的育德、教学和科研能力，初步建立了一支与学校办学理念、发展目标、课程实施、办学特色相适应的教师团队。学校有 41 位教师在教改实践中取得了成果，他们执教的课堂教学，撰写的研究案例、论文，制作的网站、课件分别获得全国、市级各类科研比赛等第奖。教师们总结的 123 篇研究经验和论文获奖，81 篇刊登在各级各类报纸杂志上。目前，2 名教师成为市"双名"、"双优"工程培养对象，2 名教师被评为区高级指导老师，9 名教师被评为普陀区教育教学能手、新秀。学校涌现了一批魅力教师：3 名教师分别获得上海市"三八"红旗手、上海市优秀教育工作者、上海市模范教师、上海市艺术教育优秀工作者的荣誉称号；1 名教师获"普陀区我心目中的好老师金奖，17 名教师荣获上海市、普陀区优秀园丁奖，7 名教师荣获市、区师德标兵、优秀班主任、党员示范岗等荣誉称号。

（四）"打造'信息化校园'品牌，做强英语学科"的
重点项目建设初见成效

确立了构建"信息化校园"的办学品牌和英语强势学科建设的

重点项目。在信息化校园建设推进进程中，取得了一系列的成果：承担并完成了中央电教馆的重点立项课题《信息技术与学科整合，构建"探究"学习模式》、青年专项课题《信息技术与少先队工作整合，发展学生自主管理能力》、上海市德育协会、少先队科学研究协作委员会的立项课题《少先队入队、入团资源库建设与个案研究》三大课题的研究。承接了世界教科文组织联合学校重点立项课题《依托网络教研，重构教研文化》、上海市教育科研规划处立项的《基于 moodle 平台的教育科研师训课程开发》两大课题的研究。学校荣获中央电教馆课题研究先进集体的荣誉称号。自主研发并初步建成了集"管理、资源、展示、互动交流"为一体，立足于服务学校管理、教师教学和学生学习的网络信息平台；构建了由"资源区、博客区、互动教研区、优质资源推荐区"组成的网络教研基本框架，采用了"多主体、跨时空、低成本、高效率"的网络教研方式，构建"资源共享、多元对话、合作共营"的网络教研模式；通过技能培训、资源开发、课堂实践、课题研究等途径，全面提高教师的信息素养，逐步构筑起我校信息技术领域的人才高地。目前，我校 60 位教师获得了多媒体制作中级证书、58 位教师获得了英特尔未来教育7.0证书。在建设英语强势学科工作中，我们确立了全方位，多层次，做强英语，试验双语的发展方向和优质、领衔、稳定（优质的强势学科；领衔的骨干教师；稳定的教学质量发展目标）的发展目标。制定了学校《英语学科发展规划》，设计了《点、线、面链式做强英语，实验双语实施方案》，开发了《牛津教材校本化实施的课程方案》。以科研引领教改实践，开展了"探究学习模式"的研究，逐步梳理了"引导—探究"、"协作—探究"、"尝试—探究"、"自学—探究"四大探究学习模式，初步实现了课堂教学的四大转变。在以"核心领衔，培养骨干，提高整体"的目标引领下，塑造了一支优秀英语教师团队。我校英语组曾先后荣获上海市"文明班组"、普陀区"先进职工之家"、普陀区教育局"先进班组"、普陀区"优秀教研组"等荣誉称号。学校有 160 名学生荣获全国、市、区各级各类大赛等第奖。

（五）"发展各育重点，促进学生和谐发展的育人框架"初步形成

我们认为开发学生潜能，发展学生的兴趣、爱好，为学生的个性发展、全面发展、协调发展打下扎实的基础是小学阶段的重要任务。为此，学校充分利用、整合各种资源，梳理各育发展重点，形成项目研究，为学生终身发展奠定基础。德育：整合教育资源，培养爱的素养。我校紧紧围绕"塑理想信念之魂，立民族精神之根"的教育目标，以提高学生"爱"的素养为着眼点，整合各项教育资源，以"生命课程教育、节文化实践活动、民族文化教育"三大教育活动为载体，突出"爱在心中"这一主题，架构和开发了"关爱教育"的校本德育课程体系，采用"熏陶—探究—体验"的教育方法，让学生在实践、探究、体验中提高爱的认识、激发爱的情感、培养爱的行为，促进学生快乐而健康地成长。智育：立足课堂学习，培养好学的品质。教师们立足课堂，以引导学生有效学习，有效发展为己任，树立符合新课程改革需要的新理念，围绕"趣、蓄、拓"研究教学手段、方法和策略，培养学生"勤学、善学、乐学"的学习品质。我校学生良好的学习习惯、学习成绩和学习品质也受到来校参观、学习、培训的校长、教师，高一级学校的认可。发展各育特色，促进学生和谐发展。体育、美育、科技是学生基本素养的重要组成部分，我校结合校情，生情和师情，梳理了各育的重点，逐步确立了田径、游泳、宇航、头脑

"OM"、环保、民族艺术等优势项目,采取普及与提高相结合的方法,培养和发展学生的兴趣、爱好和特长。

三、学校发展的弱势与威胁

教育改革的出发点和归宿点在于促进人的发展,为此,《上海市中长期教育改革和发展规划纲要》中明确指出:"上海的未来教育改革和发展,要以育人为中心,把'为了每一位学生的终身发展'作为核心理念"。普陀区在"打造优质教育'圈、链、点'"战略目标的基础上,提出了"提升每一个学生学习生活品质"的育人思想。为此,在"关爱合作,和谐发展"办学理念的引领下,针对"学校管理对实现育人目标的聚焦度不够;课程的设计和实施与育人目标的紧密度不够;学校品牌和特色项目的建设对实现育人目标的支撑力不够;学校、家庭、社会的育人合力对实现育人目标的凝聚力不够"等问题,学校如何紧紧围绕"爱在心中,和谐发展"这一育人目标,有效利用、整合和发展现有优质教育资源,将提升"有利于中一每一个学生的和谐发展"的综合校力作为学校改革和发展的聚焦点,从而提升每一个中一学生的学习生活品质,我们认为在以下几方面学校尚需进一步努力。

(一) 办学理念的内涵有待进一步认识和丰富

两校合并的初期,学校提出了"关爱合作,和谐发展"的办学理念,随着认识和实践的不断深化,需要进一步丰富办学理念的内涵,以有效地引领全体教职员工关注学校育人目标,有机地整合和利用优质教育资源,为每一个中一学生的和谐发展奠定思想基础。

（二）学校文化有待进一步传承和发展

如何传承办学传统，以"有利于每一个中一学生和谐发展"为着眼点，从"校园文化、人际文化、课堂文化、管理文化、"四个维度，构建充满人文气息的学校文化，提升办学品味，提高办学质量，为师生健康、快乐、和谐发展营造良好的文化环境。

（三）办学特色和优势项目有待进一步夯实和发展

以学生"基本素养协调发展，兴趣、爱好盎然"为出发点，从"优化基础、锻造品牌、辐射推广"三个维度进一步彰显办学特色和强势学科。在对学生"德、智、体、美"四大领域的培养和发展中，从"统筹、完善、普及"三个维度，进一步夯实基础，深化优势项目的内涵建设，为实现育人目标提供技术支撑和项目保证。

（四）国家课程校本化实施的规范性、针对性
有待研究和完善

在"关爱合作，和谐发展"办学理念的引领下，以"关注每一位学生学习过程的有效性"为出发点，统整学校的课程，从课程结构的合理性、课程开发内容的针对性、教师实施课程的有效性及学生落实课程目标的评价等方面开展深入研究，为落实育人目标提供课程保证。

（五）骨干教师的培养力度有待进一步加强

以"让优秀的师资惠及更多的中一学生"为宗旨，提炼部分学科形成的"品牌教师领衔、骨干分布均衡、团队素养良好"的成功经验。围绕建设"学科品牌教师群、年级骨干教师链、整体优化教师面"的理想目标，以"年级骨干教师链"的形成为重点，不断优化勤

奋、规范、智慧教书育人的教师团队，为落实育人目标提供优质人力资源保证。

（六）学校、家庭、社会的育人合力需进一步提升

以"有效利用、整合校内外教育力量，为提升每一位学生学习生活品质服务"为出发点，进一步加强学校、社区、家庭育人合力的联动机制的建构；学校、家庭和社会形成亲密、融洽、协调的育人合力的氛围营造；相互认可、相互接纳，并形成行为方式上互补互动性和协调一致性的工作机制的建立着手，提高"三位一体"的育人合力。

（七）各项工作的执行力有待进一步优化

各项目标和任务的落实，关键在于执行力。以"管理聚焦育人目标的达成"为着眼点，从"构建执行运行体系、完善执行责任保障体系、坚持管理的人本性"三个方面引领教职员工聚精会神落实育人目标，切实采取有效措施挖掘教职员工的潜能，激发内趋力，进而成为自觉行为，形成以"追求卓越"为精神支柱的学校执行文化，为育人目标的实现提供管理保证。

对学校发展基础的认知，有利于我们进一步明确学校发展的方向，也为设计学校的整体变革、推动惠及每一位学生的高质量教育建设工程奠定了前提和基础。

第四节　发展规划：从办学思想到办学行为的桥梁

教育活动是一种有目的、有计划、有意识的社会活动，学校发

展规划正是这种目的性、计划性和意识性的最核心体现。众所周知,办学思想也好,办学理念也好,只有真正转化为现实的教育行为,才能真正起到提升办学质量、促进学校发展的基本目标。而随着人们对教育教学理解的日渐深入以及对科学谋划教育发展的日渐重视,学校发展规划的制定逐渐成为普遍受到认可的、有效的从办学思想到办学行为转化的桥梁。

学校发展规划既是一种学校管理方式的更新,又是通过学校共同体成员来制定和实施学校发展综合性方案的过程,是为学校发展提供支持能力,并不断探索学校发展策略,持续改进教育教学质量而进行的管理行动。众所周知,学校发展规划在一个学校的发展过程中是具有方向性、引导性,好的发展规划能够充分调动各方面的积极因素、获得广泛的认同,并使一个学校的师生员工在实施发展规划的过程中,能自觉围绕其所要达到的目标开展各项工作,并通过定期地讨论、反思和评价来完善发展规划,改善学校的管理工作,同时促进社区关注并支持其健康发展。具体而言,学校发展规划的制定,具有三个方面的重要意义。

一、学校发展的需要

长久以来,我国基础教育阶段学校的发展,在发展方式上主要以自上而下、大规模、集体性的改革行为为主,在内容上以办学条件的完善、教学方法的探索、课程改革的推进为主。这自然是学校发展重要的内容,也是我国基础教育改革具体历史条件所限。而从当代中国学校变革的走向来看,学校发展的方式需要更加关注学校自身的特点,需要强调学校发展内动力的唤醒,需要不断形成和强化各学校的办学特色,学校发展的内容将更多倾向于以学校办学思想的提升、学校中师生日常生存方式的完善为主,在改革的路径上更加强调研究型改革实践的价值,以此整体提升学校教育的现代品质。而这一发展方向,需要改变完全依据上级领导指示、按部就班管理学校的思想,需要改变日复一日重复性的日常工作方式。在这一背景下认识学校发展规划,就是学校立足自身基础和发展可能,自主规划学校发展方向并付诸实践的过程,办学思想的明晰、自主性和积极性的发挥、基于自身发展基础的保障,都内含其中。因此,学校的内涵发展、富有意义的自主发展,需要对学校发展进行规划。

二、教师发展的需要

校长、教师是学校发展中重要的、承担责任的主体,但同时也是学校发展重要的目标群体。而且,从发展的具体内涵来说,校长和教师的发展不仅仅是"专业"发展,而且应该是其生命的成长,包含着思想、观念、价值取向、思维方式、行为方式的一系列更新。校长和教师的发展,尽管可以通过外出考察、进修、听报告等方式来促进,但从根本上说,是不能脱离学校发展的,而恰恰需要、并且可能在学校变革的过程中实现。可以说,学校整体的、局部的发展,都是通过、立足于特定主体的工作、并对这一主体的发展产生影响的;学校发展本身,是学校教育主体的发展资源。因此,对学校工作的规划,在一定意义上就是对特定主体在学校发展过程中之自我发展的规划,这种规划对于校长更深刻地思考和设计学校发展思路,对于教师更有效地促进自我专业发展,都具有极为现实的意义。

三、学校教育系统变革的需要

每一个独立单元的学校变革并非仅仅对学校和学校中的人的发展有意义,同样会对学校教育系统的变革产生重要影响。我们可以看到,整体学校系统活力的获得,恰恰在于系统内部各子系统活力的焕发。复杂科学告诉我们:复杂系统的演化,就是由一个个平行发生作用的"作用者"相互竞争而缔造,"这些复杂的、具有自组织性的系统是可以自我调整的。……它们积极试图将所发生的一切都转化为对自己有利"。因此,每一所学校的自主、积极、创造性的发展,恰恰在为学校教育系统的更新提供着资源、能量和可能的道路,恰恰在以独特的方式支持着学校教育系统的变革,而不是与学校教育系统的整体变革相矛盾①。

鉴于此,我认为,学校发展规划的内在价值不在于完成上级的督导,不在于应对上级的评比,而在于对学校发展、对校长和教师发展、对学校教育系统变革的内在价值。它不应该是外力驱动的产物,而更应该是学校"自己"的需要和"自己"的改革实践本身。学校办学理念的落实,有赖于学校持续不断的教育教学变革,有赖于校长领导作用的有效发挥和教师队伍的专业发展,有赖于学校自身的内涵式发展,而通过本节的论述,我们可以明确的是学校发展规划的制定对于上述影响学校办学理念落实的诸因素都具有极为重要的现实意义,由此,我们可以认为,在促进学校办学理念到办学行为转变的过程中,我们没有理由不重视学校发展规划的

---

① 李家成.论学校发展规划在学校变革中的价值实现[J].当代教育科学,2004,(16).

制定。

本着"理念衔接有发展、目标衔接有提高、内容衔接有深化、举措衔接有创新、基础衔接有提升"的指导思想,在总结学校落实"'十一五'发展规划"成败得失的基础上,在笔者的组织和引领下,学校认真学习领会、贯彻落实国家、上海市、普陀区中长期教育改革与发展规划纲要的精神,根据专家对我校规划提出的建议,从实际出发修定了《中北一小"十二五"发展规划》。在规划中,我们以"提升有利于每一个学生和谐发展的综合校力,让优质教育惠及每一个'中一'学生"为指导思想,以"一个中心、两个支撑、四个优化"为基准,即在"关爱合作,和谐发展"办学理念的引领下,以"爱在心中,和谐发展"的育人目标为中心,以深化"人文化校园和信息化校园"的建设为支撑,以优化"课程、师资队伍、执行力、育人合力"四项工作为保证,从而全面落实育人目标,制订了学校"十二·五发展规划"。在实际工作中,我们注重学期工作计划与规划吻合,部门工作方案与规划对接。各个部门领导分别围绕《沐浴爱的阳光促进和谐发展》《有序教引领有效学,构建和谐课堂文化》《优化外显促内涵,提升校园文化品位》等八项重点工作制订了五年行动计划。教师们则根据自身的职业规划制订了个人的五年发展规划。规划体系的修订和完善,进一步引领和驱动学校各项工作的发展。

学校十二五发展规划,描绘了学校未来五年的发展图景,然而要将这些图景转化为现实,必须通过学校教学与管理各个领域持续不断的建设与改革才能最终实现,本书接下来所要描述的,正是笔者所思考、组织、引领和参与的学校各领域改革的真实记录。

第二章　以课程建设为重心，提升学校发展的核心力

　　教育必须适应学生，通过形成具有丰富内涵的个体，去满足不确定社会的变化与需求。新课程就是要倡导这样一种主流文化，就是关注学校内每一个个体的成长与发展，从根本上颠覆了教育思想的习惯性思维。在这样的视角下，学校是有生命力的组织；课堂成为教师和学生经验的生长点；教学从灌输中心转化为对话中心；教师由孤独的熟练技术工人转化为伙伴式的实践团队。这种教育思想的"革命"将在实施过程中逐渐改变当前学校的日常教育模式，进而改变学生和教师的生活状态。

　　　　　　　　　　——崔允漷（华东师范大学课程与教学研究所　教授）

　　课程与教学是学校教育活动的最核心问题，也是推动学校教育改革、实现学校发展目标的关键性问题。而从课程作为教学的依据与载体这一角度出发，课程改革无疑是学校改革核心中的核心，关键中的关键。在笔者看来，课程这个术语（或概念），经过20世纪近百年教育学术的发展，已演变成社会大众熟知且学者常用

的专业术语、专有名词和日常生活习惯用语。尽管学者及大众在使用"课程"一词时,所赋予它的意义(或内涵)有相当差距,对课程概念的具体解读也不尽相同,但是,课程建设和课程改革对于国家、学校和师生发展的重要意义却在所有的研究之中反复被提及。对于任何一所学校来说,明确课程改革与课程建设的重要意义,想方设法推动课程领域的校本化构建,是提升学校核心竞争力、核心发展力的必然选择。

第一节　课程改革:学校改革的核心命题

我国是一个发展中国家,而且是一个人口大国,要增强综合国力关键在于国民整体素质的提高,而教育是其中的重要依靠。当前,教育已经成为世界各国国力竞争的制高点,谁占领了这个制高点,谁就有可能赢得这场竞争的胜利。一些发达国家早在 20 世纪 80 年代就进行了面向 21 世纪的基础教育课程改革。我国的基础教育课程虽经历过一些变革,也取得了很大的成绩,但是基础教育的现状同时代发展的要求和历史重任之间还存在巨大反差,为了迎接知识经济的挑战,顺应世界性的基础教育课程改革潮流,我国也进行了新一轮面向 21 世纪的基础教育课程改革①。

在新课程改革的过程中,上海一直处于领先的地位,二期课改过程中,在市教委、各区县和所有基础教育学校的共同努力下生成的大量课程改革成果,都在国内外产生了积极影响,特别是随着上

---

① 崔允漷,汪贤泽.基础教育课程改革的意义、进展及问题[J].全球教育展望,2006,(1).

海学生在 PISA 考试中优异成绩的取得，上海市课程改革的理念、思路和成绩，成为研究课程改革的重要蓝本。

　　不论是席卷整个中国大地的新课程改革，还是上海市的二期课改，实际上都是对传统课程与教学的一次深层次破解与重构，其改革力度之大、影响范围之广都可谓是史无前例的。随着新一轮课程改革的深入，越来越多的新理念被研究、提出和运用，学校课程与教学的面貌应该说发生了很大的变化。更为重要的是，随着新课程改革的深入，作为课程改革核心参与力量的基础教育学校管理者和教师们的观念发生了很大的变化，他们逐渐从课程改革的被动参与者转化为主动建构者，在课程改革的大潮中，他们的主人翁意识越来越强烈，所发挥的作用也越来越明显，课程改革的丰硕成果，越来越多地包含了一线学校管理者和教师们的智慧与汗水。

　　为什么要凸显课程改革的重要意义，特别是要凸显一线学校管理者和教师们对课程改革的主动参与和构建，其中最核心的答案，就是课程改革是学校改革的核心命题，学校改革理应以课程改革为起始和关键。

一、基于教育改革的国际经验

　　教育改革是全球性的命题，纵观世界上各个国家和地区的教育改革，大都把课程作为提高人才培养质量的关键，都把课程改革放在基础教育改革的突出位置上。如，日本每十年更新一次基础教育课程，最近一次课程改革，精选教学内容，设置"综合学习时间"，给学生留有更多自由发展的空间；美国《2000 年教育战略》在课程方面提出，美国学生有能力在课程内容方面应付未来的挑战。

近来强调"不让一个孩子掉队";2001年新加坡课程改革提出使学生掌握必要的技能,成为勇于革新、善于获取信息、富有创造精神的人,以适应21世纪的需要。我国台湾地区2000年颁布新的九年一贯基础教育课程纲要,把人、自然、社会作为有机整体,用整合的观点规划课程,并提出十大能力目标,其中有三项是围绕"创新"提出来的,分别是培养创新的精神和创造的能力,培养主动探索与研究的能力,培养独立思考与解决问题的能力。由此,从世界各国和地区的基础教育改革经验看,关注教育改革,最为关键的就是关注课程改革,离开课程改革,教育改革必将成为无源之水,无本之木。

二、基于我国基础教育课程建设的现存问题

现行的基础教育课程,不适应全面推进素质教育的要求,不适应时代的要求,不适应学生的成长需要。存在的主要问题包括:课程观念滞后,课程目标同时代要求、社会进步和当代学生的生活情态不适应;课程结构单一,过于强调学科自身体系,学科间彼此封闭,泾渭分明;课程内容存在"繁、难、偏、旧"的问题,落后于社会发展,脱离学生生活实际;课程实施基本上仍以课堂、教师、课本为中心,难以培养学生的创新精神和实践能力;课程评价过于强调学业成绩和甄别、选拔的功能,忽视促进学生发展的功能;课程管理强调统一、集中,课程难以适应当地经济、社会发展的需求和学生多样发展的需求。这些问题,尽管随着课程改革的深入已经在很大程度上得到了缓解,但是,从总体上看,课程建设的问题远没有达到解决的境地,课程改革的必要性和紧迫性依然存在。

三、基于课程建设在学校发展中的重要地位

课程是教育的核心问题，课程集中体现了教育理念和教学思想，是落实培养目标的施工蓝图，是组织教育、教学活动最主要的依据。同时，课程又是事关一所学校发展质量、发展水平和发展速度的关键性问题。一方面，学校的办学目标、育人目标以及学校任何价值的体现，最终都要落实到学生的成长成才之上，而在大课程观的理论与实践视域下，任何有助于学生成长成才的资源都属于课程的范畴，这也就意味着，课程是实现学生成长的直接载体，课程理念是否先进，课程设置是否科学，决定了学生成长成才目标能否实现以及实现的程度如何，也必然会影响到学校办学目标、育人目标和存在价值的体现；另一方面，正是源于课程对学校、学生发展的重要意义，课程几乎成为任何一所学校的首要名片，人们在谈论某所学校的时候，往往首先关注到的是学校整体的教学质量，继而，就会关注到决定教学质量的学校课程建设情况，这也就意味着，人们对一所学校的印象，往往是由对这所学校课程建设的印象决定，换言之，课程建设对学校品牌的塑造和社会影响的扩大，具有极为现实的意义，而这两个因素，实际上是学校实现可持续发展的关键性问题。

四、基于幸福教育

教育与幸福的关系问题，是教育哲学的一个重要原本性问题。站在以人为本的高度看，教育与人性、教育与幸福之间不仅密切相关，而且从某种意义上说，所有的教育都应当是人性教育和幸福教育，当然，归根结底还是幸福教育，因为人性教育本身也应当是一

种幸福教育,其过程和目的也是为了人的幸福。任何教育如果其过程不能给人带来幸福,或者其结果也不能给人带来幸福,那么,这种教育显然是有问题的,是颇值得反思的①。从教育与幸福的哲学出发,任何教育活动,包括教育改革行为,其基本的指向都应该是师生的幸福。在笔者看来,课程建设是关涉师生幸福生活的关键因素:从教师的角度看,一方面,在先进的课程理念和完善的课程体系下从事教学活动,可以有效提升教书育人的效率和效益,克服因课程理念与设置问题导致的教书育人低效甚至失效现象,也就可以有效防止教学工作中的职业倦怠,提升教师的幸福度和满意度;另一方面,更新课程理念,参与课程建设,既是教师教学自主权的重要彰显,也是教师专业发展的重要内容,在教师与课程的互动过程中,教师的专业知识可以得到丰富,专业技能可以得到提升,专业智慧可以得到扩展,而这都是教师职业幸福的重要前提和保障;从学生的角度看,课程是几乎囊括了学生生活与成长的全部因素,学生的喜怒哀乐都在课程中得到体现,课程设置得越科学,就越能契合学生的生活世界,越能满足学生的成长需要,越能为学生的成长成才助力,也就越能带给学生积极愉悦的幸福体验。反之,在空洞、无味、沉闷、保守的课题体系下,学生的发展将会成为"度日如年"的苦难历程,其幸福生活也就无从谈起。

第二节　理念创新:课程改革的首要任务

不论是放眼世界,还是聚焦国内,不论是基于学校发展,还是

---

① 孟建伟.教育与幸福——关于幸福教育的哲学思考[J].教育研究,2010,(2).

基于师生幸福,课程改革都应该成为学校改革与发展的首要关注点。然而,教育活动是关涉千家万户幸福的特殊事业,改革的推进必须慎之又慎。这也就意味着任何学校在推进课程改革的过程中都必须采取谨慎的态度,对学校的课程理念、课程设置和课程实施进行科学设计,而这一过程的重要前提,是科学的课程改革理念的学习、内化和创新。

任何学校的课程改革,都置身于新一轮中国基础教育课程改革的大潮之中,对新课程改革基本理念的学习和内化是学校进行课程改革的首要任务:

"一切为了每一位学生的发展"是新课程改革的核心理念,它意味着以下三层含义:第一,关注每一位学生。关注的实质是尊重、关心、牵挂。第二,关注学生的情绪生活和情感体验。要求教师精心设计教学内容、教学过程,使教学过程成为学生一段愉悦的情绪生活和积极的情感体验,帮助学生树立学习的自信心。第三,关注学生的道德生活和人格养成。教师不仅要充分挖掘和展示教学中的各种道德因素,还要积极关注和引导学生在教学活动中的各种道德表现和道德发展,从而使教学过程成为学生一种高尚的道德生活和丰富的人生体验,帮助学生建立爱心、同情心、责任感。

新课程改革的理念,是基于中国基础教育整体发展状态的统筹性考量,具有普遍的指导意义,而对于教育改革的细胞——学校而言,最为重要的是在学习新课程改革理念的基础上,不断地吸收、内化,并在系统考虑学校所在地域特征、学校自身特征以及师生实际情况的基础上,对课程改革的理念加以内化、创新,并形成彰显学习特征的独特话语体系和行为方式。

在笔者看来,基于对中国、上海基础教育课程改革的基本价值和理念把握,融合对笔者所在学校课程建设的基本情况和师生发展的生命情态,在推进学校课程建设和改革的过程中,应该着重把握以下几个基本理念。

一、转变课程观:将课程看作资源,而不再是学科知识的总和

基础教育改革进行到今天,课程的内涵与外延发生了很大的变化,与此相伴的是,基础教育的课程观也同样发生了明显转变,课程不再只是学科的总和,而是把课程看作是学科、生活和社会的有机整合,学生的生活及其个人知识!直接经验都成为课程开发的基础和依据。课程观的改变继而改变了课程开发者和教师对课程性质的看法,当下的基础教育课程已由狭变广、由静转动,课程设置的取向也转向能否帮助学生实现理想的人生规划。将课程看作资源,超越了传统和僵化地将教材作为课程的观念,为达成育人目标拓展了思维,为课程领域更为系统、深刻的变革奠定了前提和基础。

二、明确课程设置取向:从"控制"转向"关心学生需要"

教育是一种使命,使命(Vocation)从词源学的意义上有召唤(Vocare)的意思,教育的召唤就是召唤教师聆听孩子需求,因此,教育本身必然有着清晰的价值取向——关心孩子的需要。于是,我们所应该秉持的课程设置哲学转向了关心哲学,即关心孩子的需要成为课程设置的基本取向。

三、注重课程领导:提升校长和教师的课程领导力

在课程改革初期,政府通过行政手段推动课程改革是必要的,但随着课程改革的深化,单纯的政府行政手段就难以从根本上解决深层次的专业问题,只有通过校长及其团队的创造性劳动才能转化为有效的教学实践。也就是说,课程改革的要求真正落实到位,离不开学校,只有校长明确课程领导力的意义、学校课程实施的现状和课程改革的思路,具有课程领导力,才能增强学校课程实施的整体效应,才能有效促进课程改革。因此,提升学校校长的课程领导力成为深化课程改革的焦点[1]。

上述对课程改革重要理念的解读和认知,形成了学校之中课程建设的基本智力支持,也有利于学校及其管理者、教师在复杂的课程变革过程中保持清醒的头脑,并对课程变革的实践活动进行科学的设计。

第三节　突出校本:构建特色化的课程体系

在学校课程建设与改革的过程中,"校本化"越来越成为一个最为关键的命题,在笔者看来,课程改革的最终指向,实际上就是构建具有学校特色的、满足学校师生成长需要的课程体系。

课程建设与课程改革的校本化,包含两个层面的意思。

---

① 吕星宇.上海市课程建设思路分析[J].教育理论与实践,2014,(14).

一、国家课程的校本化实施

校本课程开发不仅包括学校在国家课程计划预留的课程空间内的完全自主的课程开发,同时也包括学校对国家课程"因地(学校)制宜""因人(学生)制宜"的创造性的改编和再开发,后者即为"国家课程的校本化实施"。从概念上说,国家课程的校本化实施,是在坚持国家课程改革纲要基本精神的前提下,学校根据自身性质、特点和条件,将国家层面上规划和设计的面向全国所有学生的、书面的、计划的学习经验转变为适合本校学生学习需求的、实践的、学习经验的创造性实践,包括教材的校本化处理、学校本位的课程整合、教学方法的综合运用和个性化加工及差异性的学生评价等多样化的行动策略。

对于任何学校来说,实施国家课程的教学都是首要的任务,也是培养人才、实现学校办学目标的基本依据。然而,国家课程所规定的是课程与教学的基本准则,是建立在对整个国家经济社会教育发展情态的分析与把握之上,每一所学校在实施国家课程的过程中,都应该融入个性化的思考,创造性地推动国家课程的校本化实施。

(一) 国家课程校本化实施的必要性

1. 国家课程的校本化实施是由课程实施本性上的
　　 二元特征决定的

课程实施经常被我们通俗地解释为"实现课程变革计划和理想的行动",或解释为"将课程改革的理想付诸现实的过程"。可是,理想与现实的二元特征带来了课程实施的现实问题:一方面,从现实的此岸到理想的彼岸，我们不可能一夜之间完成，这需要一个历史的过程。就我国新课程改革的实施而言，课程改革的理想与我国学校教育的现实之间的距离和矛盾在课程实施的过程中日益突出，许多人也因此而指责课程改革过于理想化。校本化课程实施强调国家层面的课程改革的理想必须要"因校制宜"、"因人而异"地逐步实现。这不是让理想服从于现实，而是赋予理想以现实的力量；另一方面，国家课程所表达的课程理念和改革理想体现的主要是学校之外的占少数的课程决策者和部分课程专家的改革愿景，对于课程的主要实施者——教师而言，是一种外在的理论、理念和理想。而这些外在的理论、理念和理想只有成为教师个人实践知识的一部分，才可能成为指导教师行动的力量。校本化课程实施所描述的正是教师在其教学生活现场依据国家课程改革的基本精神，了解和研究学生的学习需求，并在均衡各个教育要素之间的复杂的相互关系的基础上，对国家课程所做的不断的调整、补充、拓展和整合等创造性的课程活动。教师在校本化地实施国家课程的过程中自然地、内在地形成这种具有个人特点的、实践性的、反思性的课程知识、课程理念和课程改革理想，虽然与国家课程所表达的理念和理想在总的方向上是一致的，但是在具体内容上已经发生了转化。与国家课程的理念"输入"相比，校本化课程实施过程中形成的教师的实践的课程理想更具有指导其自身课程实践的内在推动力。

2. 国家课程的校本化实施是由新课程改革本身的性质
　　和特点决定的

2001年启动的国家新一轮基础教育课程改革是一次自上而下的大规模的课程改革。一方面，以政府的名义颁布的一系列课程文件和文献都是面向基础教育各阶段的全国的中小学校、教师和学生的。可是,由于我国区域间经济发展的不平衡,各地区间的教育发展水平严重失衡,加之城乡之间的巨大差别,一个改革方案难以适应所有地区的教育改革和发展的需要已是不争的事实。因此,统一的课程改革方案客观上需要不同地区、不同学校的创造性的改造以适应本地区、本学校的课程实际,这也就是说,校本化课程实施成为必然;另一方面,自上而下的课程改革借助的是行政的力量。行政干预有助于推动课程改革,但是也容易导致学校参与改革的动机和行动表现趋于复杂化。有些学校的改革举措可能是出于争当标兵,迎合某种权威,获得某种资源或政策优势等外部诱因,而不是出于对本校学生学习需求的评估;有些学校则可能仅仅是迫于外在的行政压力而不得不做些"应付"。针对自上而下的课程改革的这一弊端,校本化课程实施强调学校在国家的框架之下"做自己的事",即在坚持国家课程改革的基本精神和总体方向的前提下,研究自己的学生、自己的教师、自己的家长和所在的社区,积极争取地方政府及外部专家的支持和帮助,有特色地、创造性地实现国家课程的共同要求。

　　3. 国家课程的校本化实施是由新课程改革存在的问题决定的

　　对于新课程改革,多数学者和教师都对其积极意义有着深刻而明确的认识,但是,随着课程改革的深入,这样那样的问题开始不断涌现,对于新课程改革的反思与批判也逐渐增多。有学者批评新课程改革提出了太多的新概念、新理念、新思想和新主张,而且多数概念和思想是直接从西方拿来的,他们对其合理性表示怀疑;有许多实践者抱怨改革的目标过于概括,三维的课程目标也难以操作,更不好评价;面对新课程提出的新方法、新主张,如探究性学习、综合学习、校本课程开发、课程整合等虽然让人耳目一新,但教师们更希望知道具体怎么做。面对类似的争论、诉求、抱怨甚至是指责，从校本化课程实施的视角看，新课程改革的这些瑕疵、问题和缺点，不仅为国家课程的校本化实施提供了施展的空间，也同样使得国家课程的校本化实施成为必要。

（二）国家课程校本化实施的可能性

对于国家课程的校本化实施，国家层面的课程政策留白以及地方政府和教育管理机构的扶持、支持是先决性的条件，但是，不容置疑的是，学校是实现国家课程校本化实施的主要阵地，也是实现国家课程校本化实施可能性的基本依靠力量。国家课程给学校提供了空间，地方政府给学校提供支持和帮助，这不等于学校必然能够"因校制宜"创造性地实施国家课程以满足学生的多样的学习需求。校本化课程实施需要学校教师个体和集体在国家课程的共同要求和一个个有差异的、有血有肉的个体学生的学习需求之间搭建一座座合乎社会需求的课程与教学的桥梁，这一座座桥梁便铺就了每个学生的未来发展之路。因此，校本化课程实施至少要求教师个体和集体拥有了解、感知和评估学生学习需求的能力及批判性反思和行动的能力，要求学校有学习、研究和合作的组织文化和氛围。

1. 教师需要有了解学生共同的和个别的学习需求的能力

国家课程不排斥、不忽视学生的学习需求，但是，国家课程所考虑到的只能是不同发展阶段学生的共同的、规律性的学习需求。教师在实施国家课程的时候，面对的是处于具体发展阶段的、具体学校的具体学生，这些学生之间虽然有着某一发展阶段所具有的共同的身体的和心理的特征，但是他们来自不同的家庭，有着不同的性格特征和行为秉性，有着不同的发展潜能，因而，那些共同的身体和心理特征在每个特定教育场景中的每个个体身上的表现及其所包含的教育意义也是不一样的。这需要教师对每个学生的不同学习特点、学习需求和学习潜能有敏锐的感知,同时需要有一种切实有效的评估学习需求的工具和方法。

2.教师需要有批判的反思和行动的能力

了解学生的学习需求也从另一侧面反映了教师的教学情况,而对学生学习需求的持续追踪的目的正是为了不断地改善教师的教学。因此,教师需要有勇气和自信面对学生对自己的教学所提出的问题和意见,需要能够对照学生的需求批判地反思自己的教学,调整课程与教学的设计。有教师坦言,他们不愿意在课堂上讨论一些开放性的问题,是因为害怕学生提出什么问题教师答不上来而丢了面子。教师的这种担忧是可以理解的。从某种程度上说,照本宣科是最安全的,但是也最不能够体现教师作为一个专业工作者的特点,也与校本化课程实施背道而驰。校本化课程实施首先需要教师根据学生的学习需求校本化处理区县教材选用委员会为学校统一选择的教材,这种校本化处理主要包括教师对教材的补充、整合与再编写等;校本化课程实施同样鼓励教师根据实际需要在地方政府的支持下编制适用的乡土教材,需要教师综合运用多种教学方法并鼓励教师的个性化创意和设计;需要教师设计开放性的课堂和多元的发展性的学生评价策略。

3.学校需要有学习、研究的氛围和合作的文化

校本化课程实施没有固定的技术模式和操作步骤,没有现成的最好的模板,它需要教师、校外专家、教育的行政主管部门乃至学校的学生及其家长之间的相互沟通、多方协商、彼此学习和共同研究与创造;校本化课程实施不是对个别教师或者少数教师的要求,尽管个别或少数教师会"先行一步",而是需要教师集体的力量

和智慧；也不是对教师单方面的要求，还需要学生及其家长的积极主动参与，需要社区的支持和校外专家的专业引领。当这些不同方面的人士能够对课程实施各抒己见时，一种学习、研讨与合作行动的文化氛围便形成①。

二、校本课程的开发与建设

"校本课程"是一个外来语，最先出现于英、美等国，已有 20 多年的历史了。现在在中国新课改的教育形势下，校本课程成为了新课改的重点。所谓校本，一是为了学校，二是在学校中，三是基于学校。为了学校，是指要以改进学校实践、解决学校所面临的问题为指向；在学校中，是指要树立这样一种观念，即学校自身的问题，要由学校中的人来解决，要经过学校校长、教师的共同探讨、分析来解决，所形成的解决问题的诸种方案要在学校中加以有效实施。

校本课程是学校自主决定的课程，它的开发主体是教师。教师可以与专家合作，但不是专家编写教材，由教师用。教师开发课程的模式是实践—评估—开发，教师在实践中，对自己所面对的情景进行分析，对学生的需要做出评估，确定目标，选择与组织内容，决定实施与评价的方式。目前，校本课程开发的主体是教师小组，而不是单个教师。校本课程的开发，主要是针对国家课程开发，以学校为基地进行地方性、特色性等课程的开发，实现课程决策民主化。国家在作课程计划时应该把一部分权力下放给学校，强调学校、地方一级的课程运作，主张学校的教师、学生、学生家长、社区

---

① 徐玉珍.论国家课程的校本化实施[J].教育研究,2008,(2).

代表等参与课程的决策。校本课程开发是学校课程管理的组成部分,它需要有领导的支持,专家的指导,教师的努力和参与,需要得到全社会的理解、支持和评价。

在学校特色化课程体系的构建过程中,校本课程的开发一直是各学校关注的核心问题,校本课程开发的理念已经广为人知,在此已无赘述的必要性。在笔者看来,校本化课程建设的核心问题,实际上是学校找到适合自己的课程建设理念,探索到适合自己的课程建设思路,形成符合学校实际、满足师生成长需要的课程体系。

我校注重从学生实际出发,在办学理念的引领下,聚焦育人目标,以"校本化实施基础型课程、丰富拓展型课程、优化探究型课程"为指导思想,在制定《学校课程实施总方案》的基础上,根据三类课程的特点,分别制定了实施方案。通过"健全组织,整体设计,明晰责任,分步推进"提高课程的领导力;通过"开发管理、团队研修、分工负责、分类实施"提高课程的研究力;通过"规范教学常规管理,优化教学五环节,探索有效实施评价"提高课程的执行力,让优质的课程惠及每一个中一学生。

（一）把握课程定位,提高课程领导力

课程领导是课程实践的一种方式,是指引、统领课程改革、课程开发、课程实验和课程评价等活动行为的总称,目的是影响课程改革与开发的过程和结果,实现课程改革和课程开发的目标。这一概念是由美国的兰姆博特、格拉索恩和布鲁贝克等著名课程专家提出的,其核心要义在于改变传统的课程领导范式,唤起校长和教师的课程意识,在课程实践中,以更好地理解课程、实施课程、评价课程,达成提升课程品质、改善学生学业成果、再造学校组织和文化等课程发展的目标①。在"关爱合作,和谐发展"办学理念的引领下,围绕学校"爱在心中,和谐发展"的育人目标,我们综合考虑学校的办学传统、办学特色、学生的已有经验,学校的课程开设能力等因素,科学而合理地规划学校的课程开设计划,建立和完善了学校课程体系,制定了从校长到教学人员管理和实施课程的岗位职能,注重形成和充分发挥校长、教师的课程领导力:校长要承担起学校课程发展的领导力、课程开发的研究力和课程改革的推进力;课程管理部要领导学校课程设计、组织课程研究,推进课程实施;而学校中层干部、教研组长和学科教师要分别行使行政领导力、学科领导力和教学领导力。

(二) 突出实践重点,提高课程研究力

在现代课程理论视域下,课程是一个动态的、开放的、生成性的概念,如何设计课程,如何实施课程,如何评价课程,始终是处在变化之中的,也必然是需要因地制宜、因人制宜的,这也就意味着,在校本化的课程建设和改革过程中,应该以动态的眼光审视课程,强化对课程的研究,不断寻找、总结和生成对课程建设的规律性认识。我们根据三类课程的特点,结合学校实际,突出实施重点,并开展相应的课程研究:通过英语课程的校本化实施,其他课程的微短课程开发来探索基础型课程校本化实施,以英语强势学科的建设,引领和带动其他各门学科的优质均衡发展;通过"限定性拓展"和"自主性拓展"课程的研发",围绕"人文浸润"、"科技创新"、"艺术熏陶"、"健身和竞技"四大领域,探索并形成具有中北一小特色

---

① 王钦,郑友训.新课程背景下的教师课程领导力探析[J].教学与管理,2013,(7).

的拓展型课程体系;通过"社团活动、主题实践、课题探究"三个维度的研究,合理整合探究型课程。我们以学生的自主、合作探究为主旋律,提出了各年段探究内容的实施要求:低年级以活动探究为主;中年级以主题探究为主;高年级以课题探究为主。

(三) 强化过程监控,提高课程执行力

课程改革呼唤执行力。在新课程推进的过程中,"上有政策、下有对策"的现象较为普遍,这不仅表现在计划内课程随意更改,也表现在计划外课程随处可见、单位主义、利益至上的现象禁而不绝。理想的课程方案在层层推进的过程中不断走样,以致学生得到的课程已经不理想了。因此强调地方、学校的课程政策执行力是十分必要的。没有执行力,就没有竞争力。执行力是左右一所学校、一个地方课程改革成败的重要力量,也是区分教育质量平庸与卓越的明显标记①。鉴于此,在建设校本化课程体系的过程中,我们注重强化课程建设过程监控,提升课程的执行力。我们以《有序教引领有效学,构建和谐课堂》的课题研究为载体,创设条件,充分关注学生学习过程的有效性,为学生自主、合作、探究学习提供机会和舞台;通过关注学生学习积极性的调动,给学生追求进步的空间和机会,让学生体验成功的喜悦为宗旨,借助《基于关键事件构建学生成长"E档"的实践研究》的课题推进,引导教师关注学生生命成长的过程性、发展性和多元性。近年来,针对学校实际,我们本着"检测依靠技术,结论源自证据,分析产生行动"的指导思想,引导老师们运用数据来改进教学,力求将"行动、检测、分析、改进"四循环成为教师改进备课、上课、作业、辅导、评价教学五环节

---

① 崔允漷. 课程改革呼唤执行力[J]. 教育发展研究,2004,(9).

的自觉行为，从而进一步完善有效教与学的质量保障体系。在实践中，我们根据各环节的特征，围绕《有序教引领有效学，构建和谐课堂》研究主题，突出研究重点即备课重定位、上课靠策略、作业讲效率、辅导抓两头、评价重激励。

第四节　关注过程：我们的课程思路与成果

伟大教育家陶行知先生曾经说过："过什么生活便是受什么教育。"日本学者佐藤学在《静悄悄的革命》一书中对课程有这样的阐述："所谓课程，一字以蔽之，就是学习的经验。"换而言之：经历着什么就是受什么教育，受什么教育会累积什么成长经验。上海市基础教育工作会议提出：要通过"丰富学生学习经历"等8项措施实现"让每个孩子都健康快乐成长"。对于小学生来说，小学既是开始学习系统性基本知识的地方，更是一段影响其终身发展的初起成长经历。因此，学校在向学生传授知识的同时，更要依托课程的规划、开发，实施和评价，创造多种机会，丰富学生的成长经历，在培养学生"学力"的同时，唤醒并引导学生发现生命的意义，提升生命的价值。基于这样的认识，我们构建了以关注过程为核心价值的学校课程建设思路，并在此思路的引领下，取得了课程建设的丰硕成果。

一、以课程规划为丰富学生成长经历提供前提

在笔者看来，在某种意义上，学校的课程规划就是规划学生在学校的成长经历。丰富学生成长经历是"育人为本"的内在要求，

必须遵循"适宜发展"的理念,应当成为课程规划的重要关注,我校的课程规划主要思考和做法有以下几个方面。

（一）确立"育人为本"的课程思想

课程是学校实现育人目标的基本载体,学校的课程建设必须坚持育人为本的课程价值观。课程价值的一般含义,是指课程要实现对学习者个体成长和社会发展需要的双向满足。什么是个体成长和社会发展的需要？这个问题对初入学校的小学生来说可能还处于懵懂状态。但是,小学恰恰正是一个人开始接受学校教育之后生命历程中的第一成长经历,也就是对个体成长需要从不自觉向逐步自觉、从不丰富向逐步丰富转变的重要基础阶段。我想,帮助学生实现这个转变,使之从小就对自己的成长经历有所感悟,在某种程度上要比学习书本知识更重要。因此,小学的课程必须充分关注学生的成长经历,这是实现育人为本课程价值的内在要求,也是我校课程规划的重要指导思想。

（二）遵循"适宜发展"的理念

学校课程的规划,不仅要关注如何帮助学生通过课程汲取新知识,更要关注如何通过课程经历帮助学生达到灵活运用新知识,熟练驾驭新知识,从而成为知识的主人。不仅要关注如何使每个学生在学校度过一段健康的成长经历,更要关注如何丰富他们对成长经历的体验、感知和认识。基于上述认识,我认为各级各类学校课程规划都应重视丰富学生成长经历,但是,由于各级学校的学生处于成长的不同阶段,学生之间也有个性差异。因此,对我们小学来说,必须着力构建适宜小学生成长阶段和个性差异的课程结构,使每个学生的知识都能适宜增长、素养都能适宜提升、潜能都能适宜发挥，从而实现适宜的全面发展。

（三）规划"关注经历"的课程设置

基于以上认识，我校将丰富学生成长经历作为课程规划和课程体系建设的重要关注点，综合考虑学校的办学传统、办学特色、学生的已有经验和发展需求，学校课程设计和开设能力等因素，建立和完善学校课程体系，使之更符合学生发展的需要。我校围绕"爱在心中，和谐发展"的育人目标，秉承"关爱·合作，和谐发展"的办学理念，在"提升有利于学生和谐发展的综合校力，让优质教育惠及每一个'中一'学生"的办学目标指导下，根据全面发展和适宜发展的要求，建构了我校课程的基本框架(参见图 2-1)。

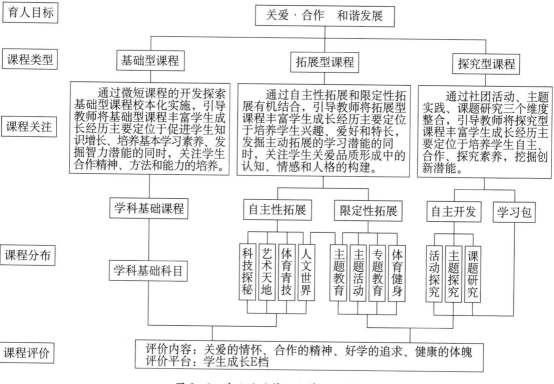

图 2-1 中山北路第一小学课程框架图

二、以课程开发为丰富学生成长经历搭建平台

我校课程开发丰富学生成长经历的主要思路和具体做法可以概括为"三四五",即"三类课程"开发、"四个关爱"教育、"五个节点"关键。

(一)"三类课程"是丰富学生成长经历的基本平台

学校课程的价值的具体含义也许可以概括为"传授知识,培育素养,发掘潜能",学生的成长经历则可看成是知识增长、素质养成、潜能发挥的过程。这三者不可分割,应当成为基础型、拓展型、探究型三类课程的共同关注点。按照上海市普通中小学课改要求,结合我校实际,我们制定了"校本化实施基础型课程、丰富拓展型课程、优化探究型课程"的《学校课程实施总方案》,对三类课程丰富学生成长经历分别突出实施重点,进行分类指导。

一是将基础型课程丰富学生成长经历主要定位于促进学生知识增长、培养基本学习素养、发掘智力潜能。通过微短课程的有效补充来探索基础型课程校本化实施,例如:作为"中国基础英语素质教育的途径与方法"课题实验的单位之一,我校专门开展了"英语语感阅读法"与"培养学生跨文化交际意识和能力,提升学生'语用'品质的研究",在英语教学中,注意引导学生感受语言魅力,培育人文情怀,体验世界的多样性和文化的多元性。

二是将拓展型课程丰富学生成长经历主要定位于培养学生兴趣、爱好和特长,发掘主动拓展的学习潜能。通过"限定性拓展"(主题教育、主题活动、专题教育、体育健身)和"自主性拓展"(科技探秘,艺术天地,体育竞技,人文世界)课程的研发,着重"人文浸

润"、"科技创新"、"艺术熏陶"、"健身和竞技"四大领域，提升学生的综合素质。

三是将探究型课程丰富学生成长经历主要定位于培养学生自主、合作、探究素养，挖掘创新潜能。着眼于"社团活动、主题实践、课题探究"三个维度，将学习包中的内容与拓展型课程中的主题活动、关爱教育相结合，引导学生亲近和接触自然、考察和参与社会、关注和反省自我。强调以学生的自主、合作探究为主，提出各年段的不同要求：低年级以活动探究为主，中年级以主题探究为主，高年级则以课题探究为主。

（二）"四个关爱"是丰富学生成长经历的重要支撑

丰富学生成长经历必须坚持育人为本、德育为先。何为德育之先？我认为，对于小学生来说，首先应该培育一颗朴实的关爱之心。关爱是学生身心和谐发展的基础，是学生之间和谐相处的桥梁，也是对社会转型时期人与社会、人与自然、人与人、人与自我和谐关系的呼唤。为此，我们开发和实施了"爱在心中"的德育校本特色课程，下面谈谈我们的做法：

一是明确关爱教育的目的要求。我们从培养学生基本道德素养入手，根据学生的身心发展需求，提出了"关爱教育"四个方面的要求：一是关爱自我：爱学习、爱锻炼、爱生活；二是关爱他人：爱伙伴、爱师长、爱"弱者"；三是关爱自然：爱护动物、爱护绿化、保护环境；四是关爱社会：爱班级、爱学校、爱社区、爱中华。

小学生的关爱教育必须循序渐进地适应他们的身心发展需求，具体化为他们感同身受的成长经历。为此，我们对不同学龄学生提出了差别化的要求，例如：关爱他人中的爱伙伴一条，低年级要求：懂得同学之间要互相谦让，团结友爱，不任性；中年级要求：

体验在合作中与同学共同进步是我的快乐;高年级要求:同学有缺点,诚恳帮助,同学有成绩,真心祝贺。

二是开发关爱教育课程。首先,建立课程框架。我们充分挖掘德育优质资源,统整学校德育的专题教育、主题活动、社会实践、社团活动等载体,架构起"四个关爱"的校本德育课程结构,突出"爱在心中"这一主题,以"生命课程教育、节文化实践活动、民族文化教育"三大教育内容为载体,架构了"爱在心中"的德育课程框架(参见图 2-2):

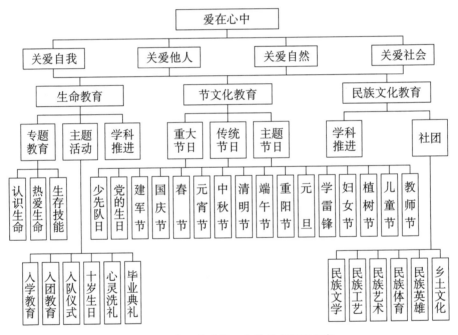

图 2-2　中山北路第一小学德育课程框架

实践中,我们一方面鼓励教师通过资助和多维度合作等途径开发教材;另一方面,我们还不断丰富和完善关爱教育课程的内容。例如:为了提高学生的民族认同感和自豪感,我们梳理了民族文学、民族艺术、民间技艺、民族英雄、民族体育和乡土文化六大系列教材。生命课程教育则围绕"探究生命之花——播种生命之花——浇灌生命之花——呵护生命之花——绽放生命之花"的系列教育，让学生体验生命的意义，掌握生存的技能，激发对生活的热爱之情。此外，我们还通过网络信息资源的利用和整合、"三线一面"教育载体的整合、"三位一体"教育力量整合学校等途径，将学校的德育工作向家庭、社会延伸，努力在学生基本道德素养的认知上达成共识，形成教育合力，共同丰富学生的成长经历。

三是实践、体验、内化。在落实中增加选择性、参与性和实践性，让学生在实践、体验、感悟中构建认知结构、经历"关爱自我、关爱他人、关爱自然、关爱社会"的情感体验，积累生活经验，从而内化为爱的行为。我们一方面以学生社团活动为载体，采用"学生自主选择，学校合理调配"的方法，分阶段、有步骤地落实。小调查、小研究、公益服务、志愿者行动……学生在实践感悟中获得了情感体验。另一方面利用重大节日、传统节日、主题节日和具有中国传统特色的二十四节气等资源，开展了丰富多彩的节文化活动，繁荣校园文化和学生精神生活，让学生在"微笑中关爱自我，服务中关爱他人，感受中关爱社会，理想中关爱自然"。在"我们与梦想同行"的主题活动中，我校以"唱响中一好声音，共筑五彩少年梦"为活动口号，将一首首学生耳熟能详的歌曲作为少先队活动的主题曲，用一次次精彩的活动体验引导学生感悟一种宝贵的精神。五年级俞辰阳同学在活动后写道："唱响普陀之歌、践行蓝色少年梦"、"唱响先锋之歌，践行金色少年梦"、"唱响关爱之歌，践行红色少年梦"、"唱响生命之歌，践行绿色少年梦"、"唱响成长之歌，践行橙色少年梦"的系列活动，让我明白了优美的"歌声"也是一种正能量，同学们口中传递的不仅仅是歌声，更是一种积极的精神，它给了我们去创造梦想的力量,点燃了我们去追求梦想的热情,鼓舞我们向着梦想进发。

2010年,我校《爱在心中德育校本课程的开发和利用》一课题在上海市德育协会立项,2012年将收录了师生关爱行动的实践体验《爱在心中,快乐成长》一书由上海市文化出版社正式出版。

（三）"五个节点"是丰富学生成长经历的关键事件

小学生在小学阶段的成长经历有五个重要节点:入儿童团、入少先队、十岁生日、步入少年期和毕业典礼。我们抓住这几个关键事件,有序开展基于绿色质量指标体系的系列"快乐活动"。具体做法是设立"五个章":红星儿童团章、快乐少先队章、十岁成长礼章、祭扫英烈章、毕业典礼章,分别开展以"红星闪闪,苗苗伴我行"、"领巾飘飘,自治我能行"、"烛光摇曳,我们十岁啦"、"鲜花祭扫,英烈驻我心"、"毕业起航,恰同学少年"为主题的"快乐活动",引导学生总结交流、相互分享成长的快乐。凡是积极参与各种课程活动,并上传图片或文字,即可得到象征着活动经历的"章",用一定数量的"活动章"换取意味着"快乐活动"的"乐活章"。当所有的"章"亮起金光时,学生们同时会看到自己的"奖杯"紧跟着闪闪发亮,象征着学生经历和跨越了人生第一个"里程碑"。

三、以课程实施为丰富学生成长经历夯实基础

让学生通过丰富的学习经历培养、发展,继而内化为"学力"必须贯穿于课程实施的全过程。为此,我校从课程实施的流程管理、教师的教、学生的学几方面为丰富学生成长经历夯实基础。

（一）丰富学生成长经历要夯实课程管理基础

实践中,我们通过"课程统整规划,资源统筹协调,过程自主创新,推进分步实施"来提高课程的领导力,通过"规范教学常规管理,优化教学五环节,探索有效实施评价"来提高课程的执行力,让优质的课程和教学惠及每一个中一学生。我们本着"检测依靠技术,结论源自证据,分析产生行动"的指导思想,引导老师们运用数据来改进教学,力求将"行动、检测、分析、改进"四环节作为教师改进教学流程各环节的自觉行为。我校围绕《有序教引领有效学,构建和谐课堂》的研究主题,强调"备课重定位、上课靠策略、作业讲效率、辅导抓两头,评价重激励"。在备课环节,我们要求教师以"生成性的课程观、开放性的教学观、个性化的学习观",围绕"趣、蓄、拓"教学策略,正确处理好知识与技能、基础与创新、情商与智能开发之间的关系,切实把握课程标准和教学目标。上课则针对课堂教学存在的问题,以全员参与调研的方式,开展"有效教学行为"研究,着力提升"有效组织"、"有效传授"、"有效反馈"、"有效练习"的水平。打磨精品课为抓手,集聚团队智慧,锻造优质课堂。作业以"有效练习设计"为重点,切实"减负";倡导"点"上突破、"巧"上探索、"趣"上调控,帮助学生提高课堂即时效率。辅导则提倡为每位学生建立"校正本",引导学生系统梳理存在问题;为学有困难和学有优长的学生建立辅导本,开展针对而有效的课外辅导。

（二）丰富学生成长经历要夯实教学研究的基础

我校的课程教学研究活动开展得比较活跃。例如:以信息技术与课程深度融合为指导思想,通过数字导学,促进学生快乐学习;通过数字导研,促进学生快乐探究;通过数字导行,丰富经历,促进学生快乐成长。数学教研组以"图形与几何"为研究内容,通过教师开发创作,软件设计、内容布局,让学生在课前通过视频进行自主学习,课中针对自主学习中的疑难进行合作探究,课后通过相应的评估检测来评价学习成效,从而有效地调和数学知识的抽象性与儿童思维形象性的矛盾,强化首次感知,启迪抽象思维,形成空间观念,以此来改善学生学习方式,有效提高学习效果。2013年,我校《基于"数字导学"小学数学图形与几何领域探究学习方式的研究》一题在"上海市教育委员会信息技术应用项目研究"中获得立项。在教学实践和探索研究的基础上,教师们认真总结经验,积极撰写案例或体会文章。我们感到,丰富学生成长经历的课程实施过程也是丰富教师成长经历的实践过程。

(三) 丰富学生成长经历要夯实促进学生多元发展的基础

"有多少个学生就有多少个独特的世界"。只有充分关注学生的个体差异,才能使丰富学生成长经历的课程实施也变得丰富多彩而富有成效。这方面的例子举不胜举,例如:我校的数学教师通过对学生参与学习表现的深入观察和具体描述,总结了适应学生差异的教学方法;英语教师围绕"培优补差",总结了教学设计—实施—评价中如何关注学生差异的做法;语文教师总结了在教学评价中关注学生差异的实践体会;有的老师通过《乡音乡情》课的教学活动,体会到要"让学习过程成为学生发展个性,表现个性,培养个性的过程;一位从教二十多年的班主任,以"笨孩子变聪明了"、"娇气女不浪费了"、"学会探究我能行"三个生动事例,写下了"借助课程,用心去关注学生发展"的切实体会。

体育、美育、科技等学科都是促进学生基本素养提升的重要组成部分,我校结合校情,生情和师情,逐步确立了田径、游泳、宇航、头脑"OM"、"环保"、"民族艺术"、"将棋"、"机器人"等优势项目，采取普及与提高相结合的方法，为学生提供多元选择，培养和发展学生的兴趣、爱好和特长。目前，我校所有担任音、体、美等学科教学的老师，均担任1至3个学生特长团队的培训任务，且100%的学生参赛团队获得过区级以上的等第奖。近两年，学生在全国、市、区各项比赛中屡创佳绩。学校获得了68个团体奖，725人次的学生获得全国、市、区各类比赛等第奖。

四、以课程评估为丰富学生成长经历积累感悟

一个人从小到大，对自身成长经历的感悟是逐步、点滴积累起来的。学校课程丰富学生的成长经历，不能只靠施加外在影响，而更应着力于引导学生自我感悟，生成内化。因此，丰富学生成长经历的课程评估，不能只是停留于对学生外在表现的评价，而应更加重视激发学生对成长经历的感悟和内化。基于这个认识，我校确立了"基于关键事件构建学生成长'E档'的实践研究"这一课题，目前已经初步形成了"E档"框架。"学生成长E档"由"快乐动态、快乐成长、快乐活动、快乐学习、快乐心声、收获快乐"六大板块构成，集记录、展示、评价三大功能为一体，通过学生、家长、教师的"共营"，以文字、图像以及视频等方式，记录学生的成长经历，展示学生在各方面所取得的进步和成绩，提供学生交流成功经验和反思失败教训的平台，从而激发学生提高"对自己负责"的自主意识和责任意识。我们的设想是：借助学生成长"E档"，建立以校为本、重在成长经历的综合评价体系，通过改革评价内容、手段和方法，关注评价的多元性、激励性和发展性，促进每一个学生获得个性化的全面发展。

（一）重在关键事件，记录成长经历

借助"网档"，基于"关键事件"，以"电子书"呈现形式，一方面记录了学生成长中自主发展、自我教育、自主评价的轨迹，另一方面记录了教师和家长在促进学生健康、快乐成长中所寄予的期望及实施个性化教育的轨迹。关键事件可以发生在校内，也可以发生在校外；可以是预设性关键事件，也可以是生成性关键事件；可以是对正向关键事件的评价，也可以是对负向关键事件的引导。例如在快乐成长板块中，我们预设了每个年级的关键事件：一年级的入学、入团教育、二年级的入队仪式、三年级的十岁生日、四年级的心灵洗礼、五年级的毕业典礼。学生、教师、家长共同收集各类活动的文字、照片、影像资料，学生自评、伙伴互动、家长参评、教师点评……我们相信这本成长"电子书"一定会成为学生童年生命历程中的宝贵财富。

（二）重在自主展现，共享成长快乐

为了展现学生的兴趣、爱好和特长，让每一个学生能借助"E档"发挥潜能，凸显个性，编织梦想，展示自我，从而体验成功的乐趣。我们通过"E档"，构建了一个多重交互的平台。通过"快乐学习"的勤学习、善实践、巧探究三个模块，学生可以一展自己在基础型、拓展型、探究型课程中的学习表现和收获。通过"快乐活动"板块，学生可以尽情展现自己在自主实践、社团活动、主题探究等活动中的体验和风采。"快乐心声"以论坛的形式为学生创设了自由交互的空间。"收获快乐"是学生成长中最值得骄傲的板块，记录着每个学生的进步、特长和收获。通过上传、浏览、欣赏、体验，让每一个学生都能找到展示自我的平台，从而体验成长的喜悦，领悟生命的价值。此外我们还特别设置了即时交流、在线咨询、视听演示等专用模块为学生释疑解难，引导学生养成良好的学习和生活习惯。

（三）重在有效激励，促进全面发展

传统教学评价过分强调学科知识，导致日常教学活动以考试为中心，效果评价"以分为本"使得本应丰富多彩的成长经历，变成了令人纠结的分数记录，这样显然不利于学生全面发展。与传统教学评价相比，新课程所提倡的教学评价，评价功能从甄别选拔转向了促进发展，评价内容从单一的学习成绩转向学生的全面素质，强调评价主体多元化、评价方式多样化、评价过程动态化、评价内容信息化，使评价过程有利于形成有效的激励机制，促进学生全面发展。

在构建"E 档"的评价功能中，我们注重把握三个要点：即通过"育"和"评"的统一，体现评价的过程性；通过"新"和"旧"的结合，体现评价的发展性；通过"上"和"下"的互动，体现评价的多元性和激励性。三年级 3 班的小胡同学虽然学科成绩不太理想，但综合"学习表现"、"快乐建言"、"我型我秀"，在"快乐学习"一栏中获得了"乐学章"，这就进一步激发了他的学习积极性。在数学闯关游戏中，他闯到了第四关，登上了学校"善学习"点击率的 TOP 10 排行榜。"E 档"评价平台的研究和运用，不仅使教师们重新审视了自己的育人观和成才观，更成为了促进学生全面发展的助推器。

上述我校课程建设的基本思路以及取得的成绩，实际上已经涵盖了学校课程与教学改革的方方面面，这与当下教育研究与实践话语体系中课程概念与内涵的不断扩大有关，也正如我们所强调的，课程几乎关涉学校改革与发展的全面内容，本节之中提及的

教学改革、信息化评价等内容,在本书的其他章节中还将做进一步的展开论述,本节所提供的只是学校课程建设的整体风貌以及这个过程中我们的持续性思考和收获。

第三章　以教学改革为基础，提升学校发展的竞争力

　　教育必须适应学生，通过形成具有丰富内涵的个体，去满足不确定社会的变化与需求。新课程就是要倡导这样一种主流文化，就是关注学校内每一个个体的成长与发展，从根本上颠覆了教育思想的习惯性思维。在这样的视角下，学校是有生命力的组织；课堂成为教师和学生经验的生长点；教学从灌输中心转化为对话中心；教师由孤独的熟练技术工人转化为伙伴式的实践团队。这种教育思想的"革命"将在实施过程中逐渐改变当前学校的日常教育模式，进而改变学生和教师的生活状态。

　　　　　　　　　　——崔允漷（华东师范大学课程与教学研究所　教授）

　　教学工作是学校的核心工作，以教育教学活动的创新推动学校整体变革和办学质量的提升，是基础教育领域任何学校的核心使命。北京师范大学裴娣娜教授指出："学校教育创新是学校教育主体通过新的创意、新的构想、新的思维和行为方式、新的教育技术和手段，对原有不合理的理论观点、思想方法、技术手段进行突

破和超越,在学校变革与发展中更有效地实现教育目的的一种创造性活动,其实质在于不断地反思批判和选择",深刻阐明了学校教育改革与创新的本质特征,也表明了教育教学改革的系统性、整体性和复杂性。在我们看来,教育教学水平是衡量学校改革与发展的基础性指标,也是学校的核心竞争力所在,明确教学改革的使命与任务,探索切合学校实际的教学改革路径,是学校立足于当下时代的不二选择。

聚焦现实,伴随着新课程改革的推进,广大中小学校的教学改革进行得轰轰烈烈。如今的基础教育界,几乎找不到一所没有进行教学改革的学校,改革的学校也大多提出自己的教学改革模式。与此同时,教学改革就意味着教学发展,教学改革就等同于教学质量的提升,诸如此类的观念也流行于广大学校乃至社会。"学校教学改革就如同神话一般,在我国基础教育领域蔓延开来"①。在此期间,基础教育改革领域也诞生了神话般的教学改革典型。"教学革命""教学奇迹""教改先锋""教改旋风"等这些有着耀眼光环的学校吸引着全国教师参观模仿。然而,改革是否等同于成功?改革是否必然意味着发展?这样的原始性问题实际上非常值得我们深思。思考这样的问题,或许能够帮助我们冷静看待教学改革,理性对待学校教学改革的成果。

在我看来,自上而下以行政命令推动的教学改革,能够实现教学改革的整体推进。在学校层面的表现,就是学校集全体之力开展教学改革。为了提升改革效果、规范与深化改革,学校建立和完善相应的组织机构,用配套的规章制度来管理改革,确保改革效果

---

① John W. Meyer, Brian Rowan. Institutionalized Organizations: Formal Structure as Myth and Ceremony[J]. American Journal of Sociology, 1977, 83(2): 340—363.

的最大化。大量实践证明，这些措施和形式也的确推进了改革，促使一批卓有成效的改革成果的产生。但是，以整体化推进，有规范的组织保障及制度化的教学改革，也容易在实践之中产生问题和弊端，那就是让学校的教学改革行为脱离学校教育教学实践发展的需要，改革成为应对教育行政部门行政压力的不得已手段，这显然是背离教学改革初衷的，也不利于学校的稳定与内涵式发展。

要凸显学校之中的教学地位，让教学改革真正成为学校改革与发展的重要助推力量，我们认为，最重要的，是把握好三个方面的基本问题：第一，从理论上，要明确学校教学改革的关注点，了解学校在教学研究和实践中应该致力于思考和解决的关键性问题，为学校的教学改革与实践行为奠定理论基础，形成科学认识；第二，从政策上，要把握国家和地区关于教育教学改革的基本思路，了解教学改革的政策导向，使得学校之中的教学改革能够置身于国家和区域的整体教育教学发展框架之中，确保正确的改革方向；第三，从实践上，要充分考虑学校学生情况、教学资源情况、教师队伍建设情况、校园文化情况等，设计富有学校特色的教学改革思路，确保教学改革的设想与尝试真正能够做到"基于学校、为了学校和在学校之中发生"，真正克服传统的行政主导的教学改革可能带来的不利与影响。

本章之中，笔者将根据上述思路，从对理论的认知、政策的把握和实践的探索三个层面阐述中北一小教学改革的整体设想与策略。

第一节　教学改革：学校的应为与可为

学校课堂教学改革是在变革与适应、解放与控制的互动中生成与发展的。学校课堂教学创新在实践层面体现为研究领域的界定、上位的研究思路的形成以及将反思批判精神转化为一种长远的、具体的、有效的战略性选择和策略抉择。从当前的情况看,关于教学改革的理论研究成果灿若繁星,这些直面课堂教学实践的研究,不仅促进了我国学校教学改革的深化,提升了学校的办学实力,而且为有中国特色的教学论学科实现原创性发展提供了丰富的思想、理论和实践源泉。对于学校而言,认真总结和学习教学理论研究的成果,找寻教学研究与学校教学实践的契合,思考和探索教学改革过程中学校的应为与可为,是推进学校教学改革与发展的基础性问题。

作为一名学校管理者,随着教学与管理理论学习的不断深入,笔者对教学改革过程中学校应该关注的问题进行了深入的思考,并将这些思考作为推动学校教学改革的理论与认知基础。

一、明确学校教学改革的定位与目标

面向未来的学校教学改革,应该摒弃工具理性的价值观,重新认识学校教学的内涵实质及改革的价值功能。综合查阅的相关文献,结合个体的思考,笔者认为可以从三个方面对学校的教学工作进行定位,即:教学是学生生存与发展的重要方式,是实现学生发展的主渠道;教学是学校教育育人模式系统的重要组成部分。在由课程、教学、德育三个要素组成的学校育人模式系统中,教学处于主体和核心地位;教学改革本质上是一种变革性实践,需要师生经验的积累与智慧的付出。

根据上述对教学的定位,学校之中的教学改革,应该着力追求以下几个方面的目标:第一,实现学生真正的发展。课堂教学改革要回到"原点"，通过对课堂教学教与学的行为分析，优化学生的文化生存环境和活动方式，探讨学生学习能力、实践能力和创新能力的发展；第二，揭示现代教学的基本特色，把握学科教学的基本规律，形成教师教学风格与特色，形成学校教学多种实践形态和理论学说；第三，从"学会生存""学会关心"到"学会发展"，这正是在教学观念层面上的一个实质性超越；第四，追求学校特色和品牌。通过教学改革，带动学校的整体变革，让学校的发展、师生的成长成才、课程与教学的建设、校园文化的营造、管理制度的构建等都显现出浓郁的校本特色，提升学校的影响力与知名度，打造学校的教改品牌。

二、明确学校教学改革的视角与重心

学校的教学改革与创新是学校教育教学主体通过新的创意、新的构想、新的思维和行为方式、新的教育技术和手段，对原有不合理的理论观点、思想方法、技术手段进行突破和超越，在学校变革与发展中更有效地实现教育目的的一种创造性活动。其实质在于不断地反思批判和选择。从实践的角度，学校教学改革与创新应该关注三个重点：一是教学内容体现知识的整合，联系生活实际，注意挖掘人文内涵；二是学生学习活动设计合理，形成学生多样化的学习方式，关注学生学习过程中的创造性思维品质培养；三是发展性教学策略的实施。有效教学主要表现在学生主动参与的有效度、合作学习与探讨的实效性、学生自主选择和差异发展以及合理使用现代教育技术手段。为此，学校教学改革应努力实现三个方面的根本转换：从关注结果的实效性，进而关注过程的合理性，关注如何实现学生的差异发展；从对教师教学水平的分析，进而把握学科教学的基本规律;从评价课堂教学的成功与失败,进而揭示现代课堂教学的基本特色,形成教学的不同流派与风格。

三、明确学校教学改革的热点与方向

聚焦近 20 年来的学校教育教学改革,随着国家社会经济体制的变革以及学校教育现代化发展进程的推进,人们关注的视野已从教学规范性要求深入到对教学文化学、社会学的分析。这不仅揭示了认识的社会性,而且深化了对教学本质的看法。人们在认识的主体性和知识的客体性间寻求平衡的支点,从而使教学论研究从认识论推进到价值论,同时,也让对教学改革的关注从单纯的教学技能问题延伸而出了更为丰富和广阔的内容。

(一)关于学生的内在学习机制与学习特点研究

关于学生学习的内在机制及学习特点问题,根据当前教学改革和学生成长的现实需要,借鉴已有研究成果,研究应聚焦到以下几个问题上:一是学生认识活动的基本方式问题。学生认识活动的基本方式是在教师指导下的掌握学习。掌握学习由接受性学习和探究性学习两种基本方式构成,无论哪一种方式,均强调经历、感受、体验和探索;二是学生学习方式的主要特点。这是近年来实践研究中的一个重点和热点问题。目前,初步结论是:基于现代学习观,学生学习方式的主要特点包括自主性、选择性、研究性、体验性和反思性。从全面贯彻以学生为本和"因材施教"的现实需要看,目前应特别关注学生发展的个性差异;三是结合学科学习特色,明确界定研究域。例如,以语文学科教学改革为例,语言学习内在机制的探讨,涉及以下诸多问题:不同的语文学习方式与教学策略的实效性，言语学习的基本过程与学生言语学习独特性，学生生活实践中言语学习的积累与领悟，言语互动的学习机制，对话与交往对于学生言语能力的生成，学生个性差异发展与教学策略的多样选择，语言的理性（概括性）与感性（艺术语言）关系及其培养，个人经验与言语的理解和表达；学生言语技能的有效训练等。

（二）体现学生主体发展的课堂教学设计

课堂教学是一个系统工程，它是作为过程展开的。鉴于课堂教学进程设计在引导学生学习思路、优化课堂教学结构、保证教学质量中的重要地位和作用，自现代学校产生至今的一百多年来，国内外学者依据不同的教育理论对课堂教学进程结构提出了不同主张，并进行了多种多样的实践探索，遗憾的是至今仍未取得共识。就我国基础教育改革与发展的现状看，随着新课程改革的深入，课堂教学的整体面貌发生了很大的变化，教师在进行教学设计和组织教学实践活动的过程中，探索和形成了越来越丰富的方法，在教学设计的诸多领域都已经实现了突破性的进展，例如在某些学科开始实现了从以教师系统讲授为主到以学生自主、合作的学习探究为主的转变；再如结合学科教学特点，开始关注学生学习过程中问题意识和创造性思维品质培养，在这方面从理论层面向操作实践迈出了重要一步；又如通过教学进程设计的研究，在揭示学科教学内在教学特色方面初步获得若干规律性认识等。但是在具体的教学实践中，由于受不同理论观点的影响、上百年课堂教学本土实践的积淀，不同学科已形成各自的进程设计"套路"，教师在不自觉间的教学行为往往是与现代教学设计理念相悖的，这也就意味着，在推动教学设计科学化的道路上，依然有大量现实的工作需要完成。

（三）教学策略的实施问题

在现代教学观指导下,教学策略的研究和实践正实现从"工具论"向"发展论"的重要转换,以参与、合作、探究、体验为特征,建立和形成发挥学生主体性的多样化的学习方式,促进学生主动地、富有个性地学习。关于教学策略,特别是课堂教学策略的研究与实践,教育理论工作者和一线教师们在近20年的实践探讨基础上形成了建构现代课堂教学策略的两种思路:一条路径是研究发展性教学策略的系统构成,这是在学科教学教与学方式共性层面展开的。依据"现代教学是在实践活动基础上通过合作与交往促进学生差异发展"这一基本命题,发展性教学策略由主体参与、合作学习、差异发展和体验成功四条教学策略组成;另一条路径是研究体现学科不同品味的教学策略。正是这两条路径的立体交叉形成了研究教学策略、改进教学行为的总体思路。

课堂教学策略的实施最终落在教与学的行为分析上。着眼于未来的教学研究,应该将学生学习活动设计作为研究重点,要求学生的学习要体现自主选择、自我调控、主动探索以及交往与合作,因此教师在选择和采用教学策略时就应体现以下几点要求:创设学习情境,培养问题意识(激发学习兴趣,发现和提出问题);组织学生实践动手活动,主动探索;创设和谐氛围,提问具有有效性、反思性和民主性;引导学生积极思考、质疑、争论,进行有一定思维强度的对话、辩论;学会理性概括,加强语言的提炼,寻找学习规律,发展良好思维品质;练习作业具有探索性、实践性及开放性;尊重学生的个性差异,提升学生的学习水平。

(四) 学科教学内容的重构

教学内容的选择与设计从根本上决定了教学的水平和质量,特别是新课程改革以来,教学内容的研究成为重点和热点。这一研究与 20 世纪 50 年代仅在教材教法水平层面的探讨相比是一个重要的突破,研究已深入到学科教学本质层面且反映了现代教学关注的前沿问题,如知识的整合、联系生活实际、与现代技术的结合以及文化性等。当然,这里需要说明的是,这些问题的解决难度很大,特别是以下几个主要问题:知识的理解和掌握,如何体现学科知识,特别是人文与科学的整合;教学面向生活实际,如何体现教学的实践性问题;教学内容的文化内涵以及课堂文化性的存在形态问题;现代信息技术与教学内容的整合问题。着眼于未来的教学改革,笔者认为,应该将"渗透美、人文价值""非指导性教学的体现""对课程内容的再创造"作为教师课堂教学创新的重要标志,也作为整合和重构教学内容的重要出发点。

(五) 关注信息科学与数字化学习

信息时代的教学改革必须关注信息化,探索建立信息化教育的新模式。近 30 年来,我国学校教育信息化的发展正在经历"信息化设备——与课程整合——数字化的教与学"三个阶段的发展过程。建立信息化教育新模式的实践探索,核心问题是信息化与学生学习方式的变革。对于信息时代的教学改革,可以从电子化教材建设、数字化学习、数字化科学实验室建设以及网络支持下的多元、共享、交互式的教学文化特征研究等方面进行。针对目前关于信息化问题认识上的诸多误区,在关注信息化教学和数字化学习的过程中,应该努力做到以下两点:首先,解决观念问题。正如有学者指出的："将教育的振兴和发展希望寄托在纯物质因素基础上的倾向是十分危险的,实体技术的单路冒进无助于教学问题的解决。人的思想、经验、意志、道德等因素是决定教学效果的主要因素,没有人的现代化,所有的努力都是徒劳的。"①其次,对该问题的研究要突破纯技术层面,站在未来人才应具备素养这一高的立论点。处在社会大变革时期,我们应站在历史与未来交汇点上把握现实。有国外学者提出,21世纪学习技能是3项基本技能(读、写、算,即3R)加上7项终身学习技能(参见下表),这正是设计面向未来的教学改革的重要出发点。

21世纪的7个终身学习技能表

终身学习技能(7个C)	涵盖的具体技能
批评性地思考和做(Critical Thinking and Doing)	问题解决、研究、分析、项目管理等
创造性(Creativity)	创造新知识、设计解决方案、巧妙地说故事等
协作(Collaboration)	合作、妥协、达成共识、团体建构等
跨文化理解(Cross-cultural Understanding)	跨种族、知识和组织文化
交流(Communication)	有效传递信息、使用媒体
计算、处理(Computing)	有效地使用电子信息和知识工具
独立职业生涯和学习(Career and Learning Self-reliance)	应变、终身学习、重新设计职业生涯

从我国现实出发,在学校教育范围内,基于学与教全过程的整体性考虑,基于着重培养学生的学习能力,笔者认为目前信息化教育研究的重点问题是:教育信息化的存在形态;在学校教育中如何

① 李芒.对教育技术"工具理性"的批判[J].教育研究,2008,(5).

培养学生信息选择、批判、重组、创生的能力;适应数字化的教与学,教师应具备的素养和能力①。

　　毋庸置疑,教育教学工作始终是学校的核心工作,离开了教育教学的发展与革新,学校的发展将变成无源之水、无本之木。当代社会发展的日新月异,加之教育教学活动本身的复杂性,赋予了教学改革更为丰富的内容。以上的论述,只是从整体上对面向未来的学校教学研究与改革实践进行了初步的设想,勾勒了教学改革的整体框架,明白这些设想与框架,有助于我们对当代中国基础教育教学改革的整体情况进行把握,也有助于我们根据地域和学校的实际情况,选择教学改革的突破口和着力点。

第二节　基于标准:学校教学改革的核心要求

　　学校之中的教学改革,内容是丰富的,形式是多样的,但是,教学改革作为一项有目的、有计划、有意识的改革行为,必须严格执行贯穿其中的基本要求。多余教学改革的要求,往往源自于人们对教育教学活动本身的规律性认识,"以学生为本""实事求是""促进学生的全面发展""改变学生的学习方式""提升课题教学效率"等,都可以成为教学改革的原则与要求。但是,基于对近年来上海市基础教育改革与发展的整体把握,我们认为,当下的学校教育教学改革,"基于标准"应该是最为核心的要求,开展"基于标准的教学"理应成为学校教育教学改革的基本价值追求。

---

　　① 裴娣娜.教育创新与学校课堂教学改革论纲[J].中国教育学刊,2012,(2).

　　2013年8月,上海市教委制定下发了《上海市教育委员会关于小学阶段实施基于课程标准的教学与评价工作的意见》(以下简称《意见》),《意见》指出:为贯彻落实上海市基础教育工作会议提出的"让每个孩子健康快乐地成长"要求,深化本市中小学课程与教学改革,切实减轻小学生尤其是低年级小学生的学业负担,经研究,决定自2013学年起,在全市重点推进小学一、二年级"基于课程标准的教学与评价"工作,并逐步扩大至小学中高年级。

　　《意见》认为:推进实施小学阶段"基于课程标准的教学与评价"工作,有利于引导学校和教师牢固树立课程标准在教学与评价中的地位,准确把握课程标准规定的内容与要求,根据学生的身心发展规律和认知规律,以及教育教学规律,科学开展教学与评价工作;有利于促进教育行政部门、教学研究部门和学校逐步建立相应的保障体系,完善相应的工作管理机制;有利于引导家长和社会树立科学的成才观和教育质量观,尊重孩子的差异发展和个性发展。

　　《意见》同时认为:推进实施小学阶段"基于课程标准的教学与评价"工作,是促进学生全面发展与个性发展的需要,是保障全体学生接受公平且高质量教育的需要,是切实减轻学生过重学业负担和心理负担的需要,更是当前深入推进小学阶段课程改革的必然选择。

　　在我们看来,课程标准规定了课程的性质、目标、内容框架,提出教学和评价建议,体现了国家对不同学段的学生在知识与技能、过程与方法、情感态度与价值观等方面的基本要求,是教材编写、教学和评价的基本依据,"基于标准"开展教学不仅能够体现课程标准制定的重要意义,也能够很好地保障教学的规范性、科学性和严谨性。传统的教学,因为过多的加入了教育行政部门和教育工作者本身的意愿与价值判断,导致了各种各样的现实问题。面对基于标准的新要求,有责任心的教育工作者理应认真分析"基于标准"的缘由、特征以及操作要求,让"基于标准"真正成为指导学校教学改革的核心价值。

一、"基于标准的教学"的缘由

教学工作是学校的中心工作,作为一项兼具科学性和艺术性的能动性活动,教学工作固然需要教师在教学中灵活地选择恰当的教学方法,创造性地展现教学的艺术,彰显每一个教师与众不同的风格与艺术,但是决定教学成效的最根本因素,是这一活动的规范和程序,只有在规则允许的范围内创新才能确保教学工作的良好秩序,也才能确保良好的教学效果。这也就意味着,搞好教学工作,最重要的是明确教学工作开展的依据。

教学活动是课程实施的基本手段,教学的依据实际上反映的是课程实施的取向问题,关于课程实施取向的研究,最为大家熟知和广为引用的是 Snyder 等人提出的忠实(fidelity)取向、相互调适(mutual adaptation)取向和课程创生(enactment)取向[①],然而,用这样的划分方式来解读我国当下的中小学课堂却并不适宜:其一,忠实取向的课程实施是不可能存在的,因为课程实施中的两个主体——教师和学生都是活生生的人,教学离不开他们的情感、动机与价值观,学校与课堂在情境方面也存在着不小的差异,这需要教师在教学工作中灵活地应对和处理;其二,三种取向的划分缺乏现实的执行力和判断标准,如"相互调适"应该如何调适,其依据是什

---

① Snyder,etc. Curriculum Implementation[A]. Jackson, P. W. Handbook of Research on Curriculum[C]. New York:Macmillan Publishing Company,1992. 404—418.

么？"课程创生"创生什么,其标准是什么？这些核心问题都是难以形成统一认识的,因此,这样的划分方式对教学缺乏实际的指导意义。更关键的是,它无法为回答我国当前正面临的课程实施问题提供适宜的概念工具,因此,在分析我国中小学教师的教学工作时,有必要采取本土化的视角,形成全新的、自我的概念体系。

审视我国当下的中小学教育,可以发现教师在开展教学活动的过程中,其基本的依据主要有两种形式,即依据个体经验和依据教科书,两种取向的教学,固然都有各自的优势所在,但在新课程改革的理念之下,正是因为这两种教学取向呈现出越来越多的弊端和不适,才诱发了教育领域对基于标准的教学这一新的教学取向的思考。

（一）基于教师经验的教学及其分析①

基于教师经验的教学就是教师凭借自身所具备的知识和所信奉的理念开展教学,"教什么"和"怎么教"主要依赖于教师自身的经验,"为什么教"和"教到什么程度"还没有真正进入教师关注的领域。这种课教学取向主要存在于普及教育和教科书（正式的学生课本）出现以前,在当下的中小学课堂中也依然占有一席之地。

基于教师经验的教学的基本特征集中体现在以下几个方面：

1. 课程与教学系于教师一身

在基于经验的课堂教学中,教师成为教育内容的活的载体,教师所具有的经验不仅决定了教师教学的态度、方法、思路,甚至可能直接成为教学的内容,教师所具有的教育理念左右着教学的格

① 崔允漷. 课程实施的新趋向:基于课程标准的教学[J]. 教育研究,2009,(1).

局,教师的素养决定着教育教学的质量。"教什么"和"怎么教"都由教师自身有什么可以教和他所信奉的怎么教得好的理念所决定。

2. 教学活动的标准与规范缺失

在基于经验的课堂教学中,教学活动从本质上表现为教师的一种自发性行为,教师的思维、观念和经验左右着课堂教学活动的开展,这样的教学往往是一种无序的教学,在实践中呈现出个性化的差异,这种差异固然能够体现一名教师自身的素养和能力,但却让教学活动失去了统一的评价标准和严格的程序规范,教学的成效难以保证。

3. 学生的成长与发展充满偶然

在基于教师经验的教学中,学生的成长和发展具有很大的偶然性。因为教师的教育理念和他所拥有的经验主宰着学生的发展方向和学习结果,学生的成长成才往往随着教师的素质呈现出较大的动态变化,学生成长的一致性难以体现,规律性难以彰显。即便教学真的如有些学者所认为的:"教师所能教给学生的只有自我[①]",我们依然认为,教师的自我也必须有质的规定性,有底线的要求。不然,教学的严谨性将无从体现。

教师的教学活动,从根本上说是教师的个体性行为,这个过程中教师经验的积累和运用固然是重要的,但是,这种经验的积累与运用必然是以教师对教育教学规律的深刻理解和把握为前提和基础的。这也就意味着,在教学过程中,仅靠教师的经验组织教学活动,教学就会停留在非科学化、非制度化、非程序化的较低层次,这显然是与现代教育发展不相适应的。

[①]　王尚文.走进语文教学之门[M].上海:上海教育出版社,2007.423.

　　（二）基于教科书的教学及其分析

　　19 世纪三四十年代，由于普及教育的需要，教科书开始在西方出现。在我国，真正的教科书（正式的课本）是 20 世纪初"废科举，兴学校"以后的事。教科书的不断运用和完善，极大地改变了教学的面貌。教科书越来越成为教师开展教学活动的主要依据，对教师"教什么"和"怎么教"起着决定作用。"教科书是学校教育的心脏，没有教科书就没有学校。"教科书是"支配性的教室资源"，甚至决定该学科 80％的课程内容，这样的表述，充分表明了以教科书为取向的教学在教育实践中所处的主导性地位。

　　基于教科书的教学的基本特征集中体现在以下几个方面：

　　1. 教学资源开发受到限制

　　基于教科书的教学，教学的全部内容几乎都来源于教科书，教师把教科书视为唯一的课程资源，把教科书看作是学科知识体系的浓缩和再现，是学科知识的载体，是教学内容的组织与呈现。教授教科书规定的内容成为很多教师教学中恪守的准则，超出教科书的内容，由于不列入考试和评价的范畴，在实践中往往也容易成为教师抛弃的内容，其他教学资源的开发更是"天方夜谭"。

　　2. 教师教学能动性受到制约

　　教学工作是一项兼具科学性与艺术性的工作，教师的情智投入是搞好教学工作的前提性条件，而教师的这种情智投入最为重要的表现就是教学中教师主观能动性的发挥。然而，在基于教科书的教学中，教师往往会成为照本宣科的"教书匠"，无论身处城市还是农村，无论面对怎样的学校、怎样的学生，无论教授怎样的学科，"教科书是教材的权威，是教学方案的心脏；没有教科书就没有学校，应该教什么？如何教？几乎完全取决于教科书"，教师的教学是在教科书的统一安排下按照既定的方法、步骤、程序和进度开展,教师在此过程中只是执行者而非创造者。也正因为如此,许多教师甚至对新课程改革带来的新教材持抱怨的心态。在他们看来,教材改变了,原来他们习惯并熟练了的教学内容都变了,自己的教学工作在无形之中增加了难度,工作量也随之增加。

3. 学生全面发展受到影响

教学是促进学生全面发展的基本手段,但是学生在基于教科书的教学中,容易成为灌输知识的容器,他们视教科书的内容为定论的知识,学生的学只是围绕着感知、理解和记诵教科书而展开。长此以往,学生往往会形成死记硬背的习惯,批判、反思和意义建构等能力在这种教学模式中很难得到发展。

纵观课程与教学的演变历史,基于教科书的教学,也就是我们通常所说的"教教材",在很长的一段时期内占据着学校教育的主导地位,依据教材开展教学,甚至被认为是一种不会出错的万能法则。在奥恩斯坦等人看来,"20世纪的大部分时间里,教科书依然是课程的重点。如果问教师和类似的其他人,在某年级或某地区教学是什么,他们最普遍的回答会指向教科书。教科书极大地影响着甚至决定着一门课程的性质和作用,决定着教师的教学活动,也深深地影响着学生们的学习经验和获得的知识。"[①]教科书的影响如此之大,以及师生对其极强的依赖性,需要我们对基于教科书的教学进行必要的反思。

基于上文的分析,无论是基于教师个体经验的教学,还是基于教科书的教学,尽管都具有一定的积极意义,但是,从现代教育的

---

① 艾伦·C.奥恩斯坦,费朗西斯·P.汉金斯.课程:基础、原理和问题[M].南京:江苏教育出版社,2002.380.

立场审视这些教学依据，仍然可以清晰地发现这其中的弊端所在。由此，在新课程实施的政策背景下，有必要对学校教学的依据问题进行新的审视，在这种审视的过程中，基于标准的教学开始逐渐成为教育教学改革的风向标。

二、"基于标准的教学"的特征

"基于标准"应当是新课程背景下教学的一个核心特征，或者说，新课程背景下的教学理所当然地应当是一种基于标准的教学。课程标准反映了国家对学生学习结果的统一的基本要求，是对学生在校期间应达到的知识与技能、过程与方法、情感态度价值观的阐述。因此，课程标准限定的是学生的学习结果，而非教学内容。基于课程标准的教学，就是教师根据课程标准对学生规定的学习结果来确定教学目标、设计评价、组织教学内容、实施教学、评价学生学习、改进教学等一系列设计和实施教学的过程。

基于标准的教学，具有如下几个方面的基本特征。

（一）基于标准的教学：目标源于标准

在传统教学中，教材或教学参考书占据着一个核心的地位，通常是教学的唯一内容。安排课时的依据通常就是教材列举的课题或教材的内容表，学生的活动也是由教材或者教参决定的，很少考虑到实际情景中学生学习的前提知识和技能，即便能够有所考虑，往往也是教师为了吸引学生而对活动方式进行适当的加工。尽管很多时候，传统教学可能会补充大量教材以外的作业，但这些作业通常和标准关系并不密切，甚至很多情况下是教师根据某种需要任意地确定的，教材和教学参考书通常只列举教师应当教的主题，至多是学生应当学习的主题,而不是学生应知道的和能做的事,而且教材经常只能告诉教师一些学生应当学习的主题,或者一些可能的内容,而不是全部主题或内容。

在课程标准背景下,教学的目标不是来源于教材或教学参考书,而应当来源于课程标准。教学的主题、内容以及活动都是由教学所要达成的目标决定的,教师需要深刻理解标准,把握对学生的总体期望,将标准具体化为每一堂课的教学目标,并据此来确定教学内容,选择教学活动。但从课程标准到教学目标,中间存在着一段比较大的距离。课程标准反映了对学生的总体期望,是课时教学目标累积起来达成的,从课程标准到课时目标的转化必须经过多重转换:课程标准,即一个学段结束后要达到的结果——年级目标—学期目标—单元目标—课时目标。换言之,教师必须对在充分、深刻理解课程标准的基础上,对课程标准进行解构,再在具体的教学情境中对课程标准进行重构,形成课时目标。

在传统的教学中,教学内容先于教学目标存在,教学目标是根据教学内容确定的,而在基于标准的教学中,源于课程标准的教学目标先于教学内容存在,教师需要根据先定的教学目标开发、处理教学内容。教材只是用以支持教学的工具或资源之一,课程资源开发不仅是校本课程遭遇的问题,也是国家课程的实施中的应有之义。但无论是对教材内容的处理,还是教材之外的课程资源的开发,都必须基于预先确定的教学目标,也就是基于课程标准。

（二）基于标准的教学:评估设计先于教学设计

在传统的教学中,评估是外加于教学过程的一个部分,主要用于检测学生是否已经知道教师所教的东西,能否表现出教师所教的技能,而不是用于检测学生是否学到根据目标要求应知和能做的东西,且评估的设计通常是在课程单元完成之后,其功能在于检测或提供反馈,不具有指导教学的功能。评估的设计、实施和评分常常具有较大的随意性,缺少关于目标及高质量表现的共同的清晰的意识。在实践中这样的现象并不少见:教师自己编制的试卷很少反映学生的学习,也没有反映普遍的质量指标,且经常是不清晰、不公平的。

　　在基于标准的教学中,评估代表着学生需要知道的东西,是与目标紧密地相联系的。教师的教学是从对学生必须完成的任务以及学生作业应有质量的构想开始,再到计划一系列的活动以保证班级中每个学生都能做这些事,进而获得对学生达成标准的证明。换言之,基于标准的教学是由关于学生应知和应做的共识来驱动的。为保证学生达成标准,教师必须清楚地意识到,要展示成就,学生必须知道什么、能做什么,达成标准应有怎样的表现质量。在基于标准的教学中,这些问题对于教学具有重要的指导作用,能够指导课的内容设计,指导课的计划和节奏,指导对学生学习质量的评估。就此而言,明确学生在结束时能做什么,最终判断表现的指标又是什么,并对学生做出解释,是基于标准的教学的起点。这意味着,在基于标准的教学中,评估的设计必须先于教学活动的设计。

（三）基于标准的教学:指向学生学习质量

　　目标也就是检测学生达成标准的状况的依据,因此,教学的目标,或者检测学生学习成就的评估标准,都必须预先告知学生,从而起到引导、激励学生学习的作用。在传统的课堂中,教师借助自己个人的判断或者某种工具对学生的学习作出评定,对学生学习等级的判定经常是教师个人关于教学质量和学习质量的理解的反映,不同的教师对学生学习质量的判断指向于学生表现的质量,仅仅完成作业是不够的,学生做的作业必须证明学生在掌握特定的知识、技能和意向方面的进步,教师必须在头脑中清楚地意识到所期望的质量,教学生如何实现这些进步,教学绝不是随机的,而是与学生已知的、能做的,以及所期望的工作质量紧密相关,在基于标准的教学中,结果对所有的学生都是相同的,但达成这一结果的方式却是千差万别的,教师必须有多种教学策略来满足学生多样的学习需要,并规划适当的学习机会,允许学生以自己的节奏实现进步。基于标准的教学是否成功要根据学生的学习来判断,教师们再也不能说:"我课教得很好,只是学生没有好好学习。"良好教学的证据是达成了共同制定的标准,如果证据表明学生没有适当的表现,教师就应当提供额外的教学。在基于标准的教学中,对表现的评价是根据共同认定的表现标准来判断特定的表现证据,也就是说,对学生进步和表现质量的判断必须反映关于标准所列举的适当表现特征的共识,尽管不可避免地会存在因个人偏好产生的差异,但学生总是有理由肯定,被一个教师看成好的也会被另一个教师看成好的,一个教师眼中合理的进步也会被其他教师看成合理的进步。学生也能运用这种特定的质量指标来引导自己的学习,判断自己的进步。学生的作业是表现信息的重要来源,也是教师判断教学成功或需要改善的重要依据,教师据此了解学生的学习状况,进而为设计下一步的教学提供基础,而向学生提供反馈实际上传递了教师关于某种类型作业的期望,能够引导学生的学习指向于特定的结果或质量[1]。

---

① 王少非.论基于标准的教学[J].教育发展研究,2006,(9A).

三、"基于标准的教学"的要求

基于标准的教学,是对传统教学理念的扬弃,这一理念的实施,呼唤的是教学领域的整体变革,这种整体变革既需要思维观念领域的建构,也需要实实在在的教学行为更新。在这个过程中,教学工作的实施者——教师是责无旁贷的,只有改变教师,才能改变教学,只有改变教学,才能提升教育质量。与此同时,作为一项系统工程的教学改革,基于标准的教学要真正在学校教育体系中落到实处,还需要课程标准的自身完善、教学评价的配套性改革等其他基础性和保障性工作。

具体而言,现实之中开展基于标准的教学,需要把握以下几个方面的内容。

(一) 基础性条件:教师的专业成长

在新课程实施过程中,教师专业水平的提升极为重要,可以说,没有教师的专业发展,就没有新课程的真正落实。但当前教师专业发展受到广泛关注的背景下,从整体上看,教师的专业发展水平并没有明显的提升,其原因很大程度上就在于当前的教师专业发展更多停留在理念层面上,实践层面上的活动通常关注一些大而化之的策略。课程改革是一项系统工程,需要多方面的工作,校本课程开发和实施很重要,综合实践活动的落实也很重要,但是,最为根本的还是课程标准的落实。没有课程标准的落实,那么校本课程、综合实践活动都会失去根基。关于新课程背景下教师的角色、素质的论述往往从理想处着眼,从理念上看无可挑剔,但做起来却常常无从下手。应该说,课程开发者也好,研究者也好,教师最重要的素养是课程标准的素养,最重要的能力是落实课程标准的能力。课程标准反映了对学生所应达到结果的期望,是指导教学活动、评价教学结果的标准,但离现实的教学有一定距离。这段距离既是课程标准留给教师的空间,也是赋予教师的职责。实际上,教师专业发展水平的差异最主要的就是体现在对课程标准的把握和转化上。基于标准的教学需要教师专业素养的全面提升,但下列几个方面或许是当前改革最为迫切的要求。

1. 转变课程观念

新课改虽然进行了将近十年,但从实践来看,教师的观念并没有完全转变,"教师普遍将现行的课程标准实验教科书的教学内容要求与课程标准的教学内容要求看成是一致的。一项大样本调查显示,有 64.8% 的教师认为他们是按照教科书进行教学的①"。观念是行为的先导,要使教师真正实施基于课程标准的教学,首先要使教师提高认识,转变观念。在教学实践中教师课程观念的转变可以通过以下两个方面来实现:一是加强对课程标准的宣传,组织各个学校的教师定期进行课程标准有关内容的学习,通过学习使教师了解课程标准的含义、特征以及与教学大纲的区别,认识到基于课程标准进行教学的必要性,进而对课程标准产生认同感;二是加强沟通和交流。沟通和交流主要是课程标准编制者与课程实施者之间的沟通和交流。通过沟通和交流,课程标准编制者可以向实施者表达隐含在课程标准中的一些基本假设、价值取向,也可以向他们介绍一些我国基于课程标准的教学中的情况、存在的问题以及一些值得借鉴的做法。这些交流不仅有助于课程实施者加深

① 于波,徐仲林. 对国家课程标准适应性的调查研究:以重庆市部分区县中小学为例[J]. 中国教育学刊,2010,(2).

对基于课程标准教学必要性的认识，而且有助于他们在一定程度上转变观念。

2. 强化标准意识

基于标准的教学需要教师的标准意识。要实施基于标准的教学，教师就必须理解并掌握课程标准，并在教学的全过程中体现课程标准：教学目标的确定，教学内容的开发与选择，教学方法和手段的运用，学习机会的安排，评估的设计与实施等，所有这些方面都应当在课程标准的指引下进行。失去标准意识，教学就会失之随意。长期以来在教学大纲规制下以教材为中心的教学使得广大教师难以在短时间内形成标准意识，而对新课程理念的误解所导致的一些在创造性、生成性名义下的"课堂表演"实际上是教学上随意性的体现，本质上是丧失标准意识的表现。

3. 提升评估素养

基于标准的教学需要教师的评估素养。评估在基于标准的教学中占据着一个核心的地位，对教学活动起着重要的导向作用。但在基于标准的教学中，评估有着明显的特殊性：从目的看，评估用于证明学生达成标准的状况；从实施看，评估是镶嵌式的，即镶嵌于教学的全过程中；从技术要求看，基于标准的教学中的评估必须是基于标准的评估，即除了一般评估所要求的效度、信度外，这种评估必须与标准匹配。教学不仅需要教师向学生提供学习机会，而且需要收集证据证明学生达成标准的状况，这需要教师具有比较高的评估素养，能有效地设计与标准相匹配的评估和评分方式，能有效判断学生达成目标的表现水平，能有效地实施评估活动并运用评估结果，能开发表明学生在达成目标过程中进步的报告，能运用评估结果来设计学习活动，并为学生的学习提供支持。但当前教师培养项目或在职培训项目很少提供评估设计或评估选择方面的培训,教师的评估素养严重欠缺,这可能会妨碍基于标准的教学的有效实施。

(二) 前提性条件:完善的课程标准

课程标准本身的科学完善是基于标准教学的最重要的前提条件之一,毫无疑问,基于不完善、不科学的标准的教学是不可能带来良好的结果的。由于编制课程标准的时间比较短,研究基础不够深厚,也由于参与课程标准编制的两方力量——学科专家和课程专家——之间缺乏有效的协调,当前我国九年义务教育各学科课程标准还存在比较多的问题,有些学科课程标准的问题还相当严重。比如,课程目标定位,陈述都不是很清晰;内容标准和表现标准混杂;教学建议,评价建议笼统模糊;用以帮助理解的样例不够典型等等。这些问题的存在不仅导致教师理解上的困难,也难以有效地将内容标准和过程标准转化成教学目标和学习目标,更难以设计有效的评估准确地检测学生的学习。总之,当前的课程标准实际上难以起到教学的出发点和评估依据的作用,这要求我们作出巨大的努力,深入研究关于课程标准的知识基础,认真反思课程标准存在的问题,及时总结课程标准实施过程中的教训,确保在经过修订之后有完善、科学的课程标准,以能为基于标准的教学提供可靠的前提和依据。

(三) 保障性条件:科学的评价体系

基于课程标准教学范式的实施要与基于课程标准的教学评价同时进行。目前的评价体系不是基于课程标准的,所以在教学实践中教师冷落课程标准在所难免。只有基于标准的评价,尤其是大规模的外部统考,才能为实施基于课程标准的教学提供保障。

实施基于课程标准的评价有以下三个途径。一是建立定期检测教师对标准的实施情况的制度,并开发相关检测工具。目前,教师在课堂中怎样实施标准还是一个"黑箱",无法对之进行准确的评价。二是建立基于课程标准的评价、问责体系。目前,我国基础教育阶段几乎所有学科都制定了相应的课程标准,每科课程标准都有明确的成就期望,那么就应该依据标准开展学生学业成就评价,并根据评价结果对学校以及教师进行问责。三是积极进行高考内容改革。高考是中小学教师教学的指挥棒,如果高考内容不是基于课程标准的,那么教师就很难实施基于课程标准的教学。只有进行高考内容的改革,才能为教师实施基于课程标准的教学提供一个良好的外部氛围①。

第三节　多元并举:基于校本的教学改革

学校是教学改革的主要场所,面对基础教育教学改革的现实问题和"基于标准教学"的呼声,基层学校理应有所触动,有所觉醒,有所改变。

"不要让你的孩子输在起跑线上!"不知从什么时候开始,孩子的教育似乎变成了一场分秒必争的比赛。学英语、学钢琴、学舞蹈,很多孩子成天被家长拖着赶各种班。到底什么是"起跑线"?这场假想中的"比赛"究竟是从什么时候开始的? 很多人并不清楚。

---

① 冯喜英.从基于教科书的教学到基于课程标准的教学[J].中国教育学刊,2011,(8).

2014 学年开始,上海在全市所有小学推进基于课程标准的"零起点"教学和等第制评价,并通过一年级课堂开放日、市区教研员听课指导等方式,接受媒体和家长监督。"零起点"意味着学校的教学要严格基于课程标准,不得随意拔高教学要求,不争抢教学进度,不加大教学难度,不忽视学生差异,不扼杀学生兴趣。教育家苏霍姆林斯基说:"所谓教育,就是心灵对心灵的感受,心灵对心灵的理解,心灵对心灵的耕耘,心灵对心灵的创造。"在推进教育教学改革的过程中,我们始终立足于学校的实际情况,真的应该走进孩子的内心世界,和他们做心灵的对话,用一生的时间引领孩子,伴着孩子一同成长,并通过多元并举的方式,构筑"基于标准教学"的管理、运行和保障机制。

一、健全管理组织,明晰分工职责

有效的教学领导和管理是确保教学改革取得理想成效的重要前提和基础。在开展学校教学改革,落实"基于标准的教学与评价"的过程中,我们加强领导,落实责任,成立了由校长、书记为引领的"基于课程标准的教学与评价"工作领导小组,确定分管领导和具体工作人员,有组织、有计划地开展好"基于课程标准的教学与评价"工作。学校制定了"基于课程标准的教学与评价"工作计划,各教研组、备课组在计划中重点落实此项工作(参见下表)。

中北一小教学改革领导小组职责分解表

	在校职务	职　责
组长	总支书记、书记、校长	负责对此项课程规划及实施意义的组织领导,组织领导小组,对课程实施进行考核评价。

（续表）

	在校职务	职　责
副组长	教导主任	制定"零起点教育"课程实施计划,培训教师,管理与监督整个课程的实施。
	一年级年级组长	组织教师深入学习《上海市零起点教育教学指导意见》和《中北一小"零起点教育"实施方案》,制定相关的具体操作细则,负责落实。
组员	一年级各学科教师	认真学习《上海市小学零起点教育教学指导意见》和《中北一小"零起点教育"实施方案》,实施课程内的各类活动。积极探索课程评价,做好学生成长电子网档的管理工作。
	信息技术组	为学生成长电子网档提供技术支撑。

二、开展各类研训,达成教育共识

"基于标准的教学"对于师生而言是一项新生事物,教师对"基于标准"的概念、内涵、特征和要求往往把握不准,在开展教学改革的过程中,也就难以真正落实相关要求,确保教学改革成效的取得。针对这样的现实,我们通过组织和参加不同类型的培训,让师生、家长在学习和交流中形成对"基于标准"的基本认识,统一教学改革的思想,形成共识。

区级层面——教研室组织各校校长和一年级全体老师参加了市教委关于"零起点教育"的视频会议。大家统一思想认识,有效执行该项工作,认真落实"零起点教育"精神。

学校层面——学校领导利用政治学习时间和全体教职员工一起学习有关文件,分享学习心得。校长室组织专题行政会议、中心组会议,学习、研究此项工作。学校领导深入一年级课堂了解学生及学情,指导老师认真落实"零起点教育"精神,由关注教案转为关注学生，注重学生学习兴趣的激发及学习习惯的培养。

教研组、备课组层面——召开专题学习会议，学习《上海市教育委员会关于小学阶段实施基于课程标准的教学与评价工作的评价》《义务教育课程标准》，规范教学行为，落实具体措施。

教师层面——教研组组织专题学习并多次深入课堂探讨课堂教学，有效执行学校"零起点"教育计划。教导处将学习内容一览表、教学内容及课时安排发放给语文老师，让老师明确标准，认真执行。

家长层面——新生家长学校仅在 2014 年九月就已授课三次，德育室王萍主任做了关于学习习惯养成的专题辅导讲座，从"让孩子学会学习"、"让孩子学会独立"、"教孩子承担责任"三方面向家长阐述了习惯培养从小养成的重要性；教研室颜欣玮主任做了"陪着孩子慢慢成长"专题报告，颜老师为学校老师和家长解读了"基于课程标准的教学与评价"，回顾了 2013 年实施的概况，并提出了评价改革的要求；学校还请了数学专家做了"注重习惯培养，提升思维能力"专题辅导讲座。

通过宣传、学习，大家提升了认识，明确推进实施"基于课程标准的教学与评价"工作是促进学生全面发展与个性发展的需要，是保障全体学生接受公平且高质量教育的需要，是切实减轻学生过重学业负担和心理负担的需要，更是当前深入推进小学阶段课程改革的必然选择。更为重要的是，通过培训与学习，加上个性化的思考，我们形成了对"基于标准教学"三个方面的基本认识：

首先，基于课程标准的教学不是要求所有教师教学的标准化。当前有很多关于"新课程下的教学怎样才是好教学"的探讨，但是这些讨论的"标准答案"往往被一些拥有评价权的人直接拿来作为衡量教学优劣的标准。对当前所谓新课程的课堂教学进行考察，也会发现它有几条教师心知肚明的潜规则：课堂氛围要热闹；要有小组讨论，哪怕只有两分钟；要有各种新奇有趣的课件等等。这些潜规则逐渐成为教师在上"体现新课程精神"的公开课时的"标准"，真正的课程标准反而被弃置一旁。事实上，以上的潜规则只是一些外化的形式，而课程标准的着力点在学生身上，而由于学生的多样性，基于标准的教学必然是千姿百态的。

其次，基于课程标准的教学不是一种教学方法。基于课程标准的教学是一种理念，而不像以前探讨的情境教学法、尝试教学法那样是一种固定的教学方法。基于标准并不指教学方法的内在特性，而是指教学方法与课程标准之间的内在关系，即这些教学方法是与课程标准的指导思想和要求相协调的方法。课程标准的提出正是基于破除教学大纲对教师的限制，教学大纲不仅限制教师教什么，还限制教师怎样教。而在课程标准的框架中，教师可以使用任何教学方法，不过，这些方法都是为了达成标准而准备的。基于课程标准的教学确实需要遵循一定的规范，但在这些边界之内，教师可以充分发挥，边界是为了让教师享有更多的自由。

最后，基于课程标准的教学不是教学内容和标准的简单对应。虽然我们的课程标准以内容标准为主，但由于我们的课程标准是按年段设计，反映了对学生的总体期望，是课时教学目标累积而成的。因此，如果仍旧秉持教学大纲时代那样的思路，简单地在日常教学和课程标准之间寻找对应关系，教师们会感到失望、费力而且收益不大。基于标准的教学需要教师在对标准深刻理解的基础上，把握对学生的总体期望，将标准转化为年级目标，再根据学生特点和教学情境具体化为每一堂课的教学目标。

三、基于课程标准,规范课堂教学

我们认为,"基于标准的教学",呼唤的是学校教学常规的重建,"基于标准"的各方面要求,应该体现在教学工作的各个环节之中。为了切实落实"基于标准"的要求,围绕"基于课程标准的教学与评价",教导处细化了教学常规管理,规范教师的教学工作。

(一)备课——注重兴趣,培养习惯,激励评价

1. 依据课程标准确定教学目标

教师编制"学科学期课程实施计划表",明确本学期教学目标、阶段教学目标、教学内容、进度安排与评价方法等,并具体到每一堂课的教学目标,据此确定教学方案及实施方式。

2. 根据教学目标设计教学活动

根据区学科培训要求,一年级第一个月的学科教学以"学习准备期"为主,注重学习兴趣的激发和培养,在备课中体现良好学习习惯的养成、针对性的教学评价等,坚决做到:不超进度,不增加难度。

(二)上课——把握目标,营造活力,提升幸福

1. 改革课堂教学模式

营造民主、和谐、愉悦的课堂学习氛围。课堂教学中关注学生自主能力的培养,设计各种互动游戏,增强师生间的合作交流,从学生的学习、情感、身心发展等方面给予学生积极的评价。

2. 有效调控教学进程

教师在课堂教学过程中,正视学生的差异,采取有针对性的教

学方法,引导全体学生参与学习活动,促进学生的合作学习,根据学生在知识掌握、问题表达、思维水平、合作交流等方面的课堂表现,及时调整教学进程,改进教学策略和方法,落实教学目标。

3. 开展基于课程标准的教学与评价的教学实践活动

同级组老师基于课程标准,围绕同一主题研究课堂教学。教研组成员必须全部参与听课,课后上课教师说课,听课教师评课,指出不足,达成共识,上课教师反思。

(三)听课、评课——及时评价,取长补短,共同进步

行政协同教研组长、同年级组教师执行"推门听课制度",一年级教师的课必听,课后及时作出评价。听课重点是检查"基于课程标准的教学与评价"工作的落实情况,课堂中更关注师生关系的互动,教师对学生的激励评价。对存在问题的班级、学科教师我们进行了跟踪性诊断听课。教研组活动时组织教师以课程标准为依据,开展说课、评课。

四、激发学习兴趣,注重习惯养成

从教育心理学的角度来说,学习兴趣是一个人倾向于认识、研究获得某种知识的心理特征,是可以推动人们求知的一种内在力量。一般而言,学生对某一学科有兴趣,就会持续地、专心致志地钻研它,从而提高学习效果。基于课程标准的教学,在我们看来,也必须要努力激发学生的学习兴趣,注重养成良好的学习习惯。对于刚入学的低年级学生,重点不在于掌握多少知识,而是激发学生兴趣,促其养成良好的学习习惯,从而为其终生学习奠定坚实的基础。针对低年级学生而言,课堂教学中注重帮助孩子培养以下

几个方面的好习惯：

听：认真倾听，包括：听清内容、边听边记、边听边想、听了能说。

说：大胆表达，包括：积极回答问题、提出问题；说连贯话、响亮话、完整话；想好了再说、说和别人不一样的话；大大方方把话说。

读：字字过目读句子。手指轻轻划，词儿要连读；不加字、不漏字、不拖腔。一个人读响，一起读轻。

写：规范书空，学习写字。字如其人。一年级主要姿势要对：头正、身直、足平、臂开；感受笔顺规律；了解田字格；学习规范的执笔方式和写字姿势，描笔画要一笔写成；尽量不用橡皮擦。

思：勤于思考。所谓：学而不思则罔，思而不学则殆，能够思考老师或者同学提出的问题；预习时思考自己不会的问题。

除此之外，我校还将"四大行为好习惯"拍成视频资料作为品社课、专题教育课的教材，指导学生养成礼仪、卫生、生活、学习等方面的行为好习惯。

习惯的养成不是一朝一夕的事情，需要学生不懈地努力，需要家长耐心地配合，需要老师有意识地训练和强化。好习惯一旦养成，学生将终生受益。

五、全面开放课堂，接受社会监督

现代教育的发展，越来越强调教育合力的形成，让家长参与学校教育，是落实"基于标准教学"的应有之义。"让沟通成为快乐，把学习当成享受"——为了让新生家长了解"零起点教学"，了解孩子在学校的学习生活，同时听取家长对学校办学的合理化建议，调动家长参与学校和班级管理的积极性，搭建家长与学校友谊的桥梁,进一步增强家校教育合力,我校注重通过家长开放日活动,让家长进一步了解学校的教学改革,更主动、更科学地参与对孩子的教育和培养。家长们怀着兴奋又期待的心情与孩子一起踏进了中一校园,重温课堂,感受校园生活。

开放日中,五个班级的家长们在各自的教室里饶有兴趣地观摩了课堂教学。课堂上,孩子们专心听讲、积极举手发言,家长们也听得津津有味、十分投入。这种家校之间零距离的沟通、学校课堂的全面开放,更便于家长了解教师的教学风格、孩子的听课状况。课上,家长们用专注的目光,倾心地听讲、认真地思考;课后,家长们将自己听课后的感受及建议及时地与任课教师沟通,认真地填写活动反馈表。大课间活动时间,家长和孩子们来到操场上,共同参与了亲子游戏——"拍球、踩高跷、转呼啦圈、传球、扔球"。孩子和家长亲密协作,配合默契,增进了彼此的感情。活动场地洋溢着孩子和家长欢乐的笑声。

在"开门办学"的过程中,我们力求充分发挥师生的智慧,推陈出新。以小学一年级为例,2014年底,一年级师生合作,以"缤纷课程,快乐学习"为主题向家长汇报学生在校一学期来课程学习的成果:有利用课余时间参加民乐班,学到了一技之长后的笛子合奏《闪闪的小星》、《小红帽》;有开展了《中华优秀传统文化经典诵读》活动后,学到歌曲表演《三字经》;有上了自然课后展开奇思妙想用落叶拼出了美丽图画后改编的儿歌《小叶子》;有学习了信息技术后用巧手敲击键盘制作的精美电脑绘画作品;更有特地为此次开放日准备的适合儿童身心特点的韵律操《小苹果》和《英语圣诞歌曲联唱》。汇演中,时刻充满了欢声笑语和啧啧称赞,台下的家长更是不停为小演员们的出色表现而击节叫好。家长开放日活动在学校领导的支持下、新生家长的关注下、任课教师的重视下,顺利、圆满地落下帷幕。各位家长的到来,是对我们学校办学的有力支持,传递给我们的是一份沉甸甸的责任,也是我们学校加快发展的动力。家长开放日不仅是要向家长展示我们的教育教学成果和孩子整体素质的提高,更重要的是要听取家长的意见和建议,营造一个和谐的家校共育环境。"长风破浪会有时,直挂云帆济沧海。"——通过开放日活动,家长、学校之间增进了彼此了解,促进了双向交流,达到了共同育人的目的。相信在家校携手努力之下,中一的孩子们一定会健康快乐地成长!

第四章 以教师队伍为关键，提升学校发展的持续力

当代教师形象应该是一个真正的知识分子形象,他富有知识,不盲从,也不偏执,还富于批判精神,更敢于超越自我和自我实现,在引导学生健康、全面发展的同时,也不断地追求和实现自身的价值。在这样的教师引导下,他的学生才有可能形成独立思考和判断的能力,他的学生就更能够主动地去建构自己的知识体系。

——王坤庆(华中师范大学教育学院　教授)

1966 年,国际劳工组织和联合国教科文组织在《关于教师地位的建议》的官方文件中倡导:"教学应该被当成一种专业,这种专业是一种公共服务业,要求教师经过严格而持续的学习研究获得并维持专业知识及专门技能;它还要求教师对所带学生的教育具有个人的以及公共的责任感。从此,教师作为一种专门职业为学界所瞩目,各个国家亦纷纷以立法的形式确定了教学和教师的专业地位。从我国的情况看,1993 年颁布的《中华人民共和国教师法》,第一次从立法上确立了我国教师的专业地位。2004 年 4 月 1

日起,我国全面实施了教师资格认定制度,标志着我国教师职业进入专业化阶段。就此,教师专业发展成为我国教师队伍建设的重要议题①。促进教师专业发展,提升教师队伍的整体质量,也越来越成为学校整体改革与发展过程中的重要一环。

第一节　专业发展:教师与学校的永恒使命

尽管当前国际社会对教师是否是一个完全独立的专业还有不同的意见,但越来越多的人已经意识到教师这个行业正处于从非专业、准专业,向完全专业化道路不断前进的过程中。且不说美、日、英、德等教育发达国家,大学毕业之后还需要专门的教育学和心理学教育才能获得教师资格,就是在今天的中国大陆,教师也必须持有专门的身份认证——教师资格证才能具备执教的资格。新课程改革对教师提出了巨大的挑战,应对这一挑战,教师专业化越来越成为现代教育改革与发展的必然要求。在这样的背景下,学校不仅应该是培养学生的场所,也应该是教师走向专业化的舞台。任何一所学校,要实现高层次的发展,真正实施个性化的、高质量的教育,必须首先实现教师本体的发展,扎扎实实地解决教师专业化发展的问题。同样,对于一名教师而言,要更好地践行自己的专业理想,承担立德树人的教育使命,也同样应该努力提升自我、完善自我,在专业发展的道路上孜孜以求。

我们认为,理想的教育,首先应该是高质量、个性化的教育,而

---

　　① 张四方.互助协同的教师专业发展及其实现[J].教育发展研究,2013,(20).

教育的质量高低、个性与否,最重要的决定因素就是教师的素质。从学校管理的角度看,一方面,教师队伍整体素质参差不齐的现象比较明显,现实当中确实存在一部分素质不高的教师,对整个学校教育的改革与发展产生着很大的负面影响;另一方面,任何职业的发展都会面临"高原现象"的考验,教师在从教一段时间之后,如果不想方设法提升他们的专业发展意识,实现教师专业精神、专业理念、专业知识、专业技能的全方位提升,促使他们摆脱对原有的教育文化、思维定势、教学理念与方法的固守,教师的专业成长就会出现停顿,教师的思想就会僵化,教师的创造性和个性也将会萎缩。由此,持之以恒地实现教师专业发展,不仅是教师个人成长的事情,而且也是事关学校发展和教育整体改革与创新的关键性问题,具有积极而鲜明的意义。

一、教师专业发展加速了教师个人成长

哲学意义上的"发展",是指事物从低级到高级、从旧质到新质的改变过程。人的发展是从幼稚走向成熟,不断完善的过程。教师的发展也是作为社会职业人的教师从接受师范教育的学生,到初任教师,到有经验的教师,再到教育专家的持续发展过程,是一个教师的职业理想、职业道德、职业情感、职业智慧和社会责任感不断成熟、不断提升、不断创新的过程。哲学意义上的"发展",是一个矢量,即发展具有明显的方向性。教师发展的方向性体现在社会对教师职业的特殊要求之上。教师不应该仅仅具有良好的职业道德、学科知识和教育教学能力,还要成为研究者,对自己的工作具有反思态度和积极探索的能力;教师还应该是一个成功的教育合作者,善于和学生、同事、领导、家长沟通与联系;教师还应该

是学校管理的积极参与者,为学校整体的改革与发展出谋划策。也就是说,当代主流教师观是复合型的,教师发展的矢量特征就是要反映时代对教师的这种复合型要求,同时,教师发展的方向又必须把握改革开放以来我国教育方针政策对教师的具体要求。

应该指出的是,教师的专业发展离不开本人的努力和外部环境的协同作用。一个教师,如果满足于为衣食而教,最终也只能成为一个教书匠;如果他把教育当作事业,认真地去做其中的每一件事,那么他必然要求钻研业务,去学习新的教育教学理论,反思教育实践,追求教学艺术,不断提升教育理念和素养,提高教育教学水平。教师应该学会学习,与时俱进,养成苦耕不辍、终身学习的习惯,从某种角度讲,学习已经成为每个现代人的生存和发展的基本要素,而只有有专业发展追求的教师才能够做到主动学习,同样,只有主动学习的教师,才能更好地实现自身的专业发展。

推动教师专业发展,从学校和整个教育事业发展的角度看,固然是为了造就一支优秀的教师队伍,以切实承担起教育改革与发展和实现学校特色发展的任务。但是,教师专业发展,同时也是为了实现每一个教师的人生价值和生命意义,推动每一个教师在实践中不断成长、进步和成熟,使其能够勇立教育改革潮头,具备较强的适应能力和竞争能力,使教师有顺利的职业生涯和美好的职业前程。

教师专业发展,实质上反映了整个教师培养和管理模式的变化与转型,它包含了教师和学生之间关系的变化,体现了教师与教育管理机构之间的关系变革,隐含了教师地位的变化。只有教师真正将专业发展视作自己的追求,才能真正树立为教育事业奋斗的决心和信心,才能具备积极向上、不甘平庸的勇气,实现人生更高目标层次的追求。

二、教师专业发展有助于教师团队凝聚力和战斗力的形成

对于学校而言，不仅要实现学生培养的目标，也要努力把学校打造成为教师专业发展学校，让学校成为实现教师专业发展的有效平台。所谓教师专业发展学校，就是在现行学校建制内进行功能性的建设，完善、丰富和发展学校的现有功能，突出其为教师专业发展的引领和服务职能，强调学校也是实现教师专业发展的场所。

在我们看来，尽管很多学校都非常重视教师队伍建设，但是，现实之中，教师的专业发展问题往往会成为一个容易被忽视的问题，在很多学校，教师中心、师道尊严的背后，掩盖着的常常是对教师专业发展的漠视与遗忘。传统的理解中，学校仅仅被视作学生发展的场所，在很多重要的教育改革理论和运动中，在强调学生发展、学生主体地位的同时，并没有很好地关注学校之中教师的专业发展问题，而教师专业发展学校的建设，正是转变这种意识和认识的重要手段。

教育在本质上是实践的，这表达了教育和教师专业发展永恒的创造性和丰富的现实意义。教师的专业化发展必须在教育实践中才能实现，不可能在一次性的准备知识的训练中完成。在师范院校里实行的教师职前教育，主要是学习"教什么"，而对于"怎么教"则需要教师在教学实践中学习。教师发展学校之所以是在学校建制之内，就是为了实现教育实践本身作为教师专业发展的真实环境。

教师是教育改革和发展的实践主体，他们作为社会实践中的

人的主体地位和作用、主体意识和责任感,作为主体的能动力量和创造精神是一切教育改革和发展最终得以实现的最基本、最直接的基础。在教师专业发展学校之中,教师的学习与进步将不再是个体的行为,他们在积极的交流和互动中相互学习、取长补短、合作共赢,形成良好的专业发展氛围,共创自身发展和学校进步的良好前景。知识经济时代的教育发展和教师专业成长,已经告别了"单枪匹马闯天下"的孤胆英雄模式,而已经成为"携手并肩走天涯"的合作模式。由此,关注教师专业发展,建设教师专业发展学校,有助于搭建教师合作的平台,进而打造富有凝聚力和战斗力的教师团队,实现教师个人发展与群体发展的有机结合。

三、教师专业发展最大的受益者是学生

马克思把物质生产实践作为人与人类社会生成、存在与发展的最基本、最原始的历史活动。他揭示了人类物质生产实践的社会性,不仅把人与对象世界的主客关系,也把人与人之间的主体交往关系,作为物质实践活动过程中互为中介的内在环节,实现了主客关系和主主关系的历史的、辩证的统一。所以,人的主体性和人的发展还必须在人的主体与主体之间交往的实践中才能实现。

教师在教育实践中的主体性参与,是教师发展的根本性动力。在教育过程中,学生也有主体的性质,教师和学生主体间的理解成为人的主体性在教育维度上展开的不容忽视的特点。从这个意义出发,今天我们所强调的教师专业发展,很大程度上就是要进一步树立教师的主体意识和创新意识,进一步认识教师与其他教育工作者、与学生的主体之间关系确立的意义。当然,对于教师专业发展而言,主体性与责任感有密切联系:缺乏责任意识,主体必然表

现出任性与盲目，因此只有树立起责任意识，才能使教师的主体性得以真正完善，为自身的发展开辟广阔的空间。

发展的一个重要方面就是事物之间发展的关联性，人的发展应被放在社会发展中去理解。在教育实践里，教师的发展和学生的发展是互为条件、互相促进的。教师发展的真正价值和意义就在于它是促进学生发展的真实的、必要的条件。理想的教育是，在师生共同生活的世界中教学相长，学生在教师的发展中实现成长，教师在学生的成长中实现发展。

第二节　顶层设计：促进教师发展的校长作为

教师专业发展，是一项复杂的系统工程，实现教师专业发展，最根本的是教师自身对专业成长的内在追求，也正因为如此，教师专业自觉的概念越来越受到教育理论与实践界的认可和推崇。但是，正如笔者在上文中所言，学校是教师实现专业发展最现实、最直接、也是最有效的平台，作为学校的管理者和领导者，校长也应该在教师专业发展的过程中发挥积极的价值，做好教师专业发展的顶层设计。

一、形成教师专业发展的理性认识

对教师专业发展的理解对于校长来说是极其重要的，因为人们总是根据自己的理解与解释来行为。对于校长而言，应该根据时代和教育的发展，不断更新自己对教师专业发展的认知体系，形成对教师专业发展的理性认识。在笔者看来，这种理性认识，至少应该包含以下几个方面。

（一）教师的职业是专门的职业

对职业的分类,大致可以分为三类,即普通职业、半专业(或称准专业)、专门的职业(专业)。虽然人们对专门的职业有过多种理解,但目前一般以1948年美国教育协会提出的专业八条标准作为代表:含有基本的心智活动,拥有一套专门化的知识体系,需要长时间的专门训练,需要持续的在职成长,提供终身从事的职业生涯和永久的成员资格,建立自身的专业标准,置服务于个人利益之上,拥有强大的、严密的专业团体。从中,我们可以看出,教师的职业是一种专门的职业。

（二）教师的发展是专业的发展

对于理解一般的发展与专业的发展区别来说,我们可以与经济增长来作对比。一般发展就如我们的经济总量很大,但这只是一种外延粗放式的规模的增长,所以我们现在要走内涵发展的道路。而走内涵发展道路的一个重要方面就是要调整经济的结构、转换经济增长的方式。事实上,对教师专业发展的理解中,也通常认为:教师需要怎样的结构,才能履行一个优秀教师的功能呢?不少专家就是首先通过研究教师的素质结构来研究如何促进教师专业发展的。

（三）教师专业结构的再认识

教育是一项充满智慧的事业。洛克在《教育漫话》中对智慧有其独到的理解。他认为:"它(智慧)使得一个人能干并有远见,能很好处理他的事务,并对事务专心致志。这是一种善良的天性、心灵的努力和经验结合的产物。"从中我们可以看到智慧是与人们善良的天性联系在一起的。为此，我们可以认为智慧的性质，至少有认知的、伦理的和实践的三方面的性质，是三者的统一。基于这样的理解，教师专业发展中的专业结构，从智慧的角度，可从三个维度来理解，相对应着三类智慧，同时也对应着学习的三个层次。

第一个维度，即专业的技术性。从普通职业到准专业再到专门的职业，其技术性是不断增强的过程。如护工只是一个普通职业，而护士则是一个准专业，而医生则是专门的职业。其专业的技术含量是不断递增的。与专业的技术性相对应的智慧，我们可以称之为认知智慧，在学习方式中，凡是技术性的东西，一般来说都是可以"学得"的，尤其对于接受过高等教育的教师来说，可以说教育教学过程中所需要的技术都能学会，关键是想不想学，或者是学了如何用的问题。

第二个维度，即专业的道德性。同样从普通职业到准专业再到专门的职业，其道德性是不断增强的过程。一般而言，正是其职业有着崇高的道德要求，这个职业才可能成为专业。与专业的道德性相对应的智慧，我们可以称之为道德智慧。与专业的技术性不同，道德智慧是很难"学得"的，它是"习得"的，它是教师与学生在交往、在对话中，通过体验与感悟而获得的。

第三个维度，即专业的实践性。智慧就其本质上说是一种有道德地将认知智慧在教育实践活动中的统一。知识在书本之中，而智慧在书本之外。教师与校长的智慧本质在于实践智慧。因为教师与校长是有德性的、有思想的行动者。实践智慧带有强烈的个体感悟性。它是在长期实践基础上，经过个体的深刻反思后的"灵光一现"，是一种顿悟。好校长与好教师是"悟"出来的。

（四）道德智慧的重要性

习近平总书记在北京师范大学师生代表座谈时的讲话——《做党和人民满意的好老师》中指出："第一，做好老师，要有理想信念；第二，做好老师，要有道德情操；第三，做好老师，要有扎实学识；第四，做好老师，要有仁爱之心。"可见，道德智慧对于教师的重要性。"真正的实践理智是需要善的知识的，智慧本身需要有某种善在它的拥有者里"。我们可以看到，离开了善，就很难谈智慧。

二、甄选教师专业发展的有效方法

就如我们的教育要为孩子们选择适合其发展的课程与活动一样，作为校长就应该为其教师提供适合其发展的教师专业发展途径、方式和方法。就中小学教师专业提升的常用方式来看，有进修培训式、学校参与式、同伴互助式、自主学习式、个体探究式、网络研修式等等。每种方式的背后其实都包括一系列假设的学习设计，即关于教学实践的知识从何而来以及教师如何获得和扩充自己知识的设计，在采用各种方式时学校要有顶层设计，要有专门的教师队伍建设规划。选择适合的专业发展方式需要做到以下要求。

（一）立足校本

学校是教师专业成长的精神家园，教师专业方式的采用要基于学校的校情、教情与学情。有些学校在校本研修的方式中也出现了不少跟风现象，什么样的校本研修时髦，就采用什么校本研修方式，使得校本研修的方式成了教师们的负担。

（二）遵循规律

教师专业发展是系统的、有规律的过程。校长要针对不同学科、处于不同发展专业阶段的教师采用不同的方式。对于新教师或者职初教师,其重点在于掌握教学常规,此时可能进修培训式、同伴互助式比较适合,而对于经验型教师而言,如何促进其深刻反思的研修方式应该成为主要的方式,对于专家型教师而言,研修方式要侧重于以更强的专业引领、精神引领为主要抓手。

（三）尊重多样

就如校长专业标准中所强调的:要"尊重、信任、团结和赏识每一位教师",这也是校长在选择适合教师专业方式上的根本要求。校本研修的方式是多种多样的,教师的需要也是多种多样的。校长应该从教师的实际需要出发,从尊重他们的需要出发,以学校的共同价值追求来引领教师专业成长的境界。在选择适合教师专业发展方式中,我们也要坚持"适合的,才是最好的。"

三、完善教师专业发展的保障机制

专业发展依赖于专业的实践,医生的工作如果离开了临床,就不可能成为名医;教师如果离开了课堂与实践,就不可能成为名师。但是,成为名师的过程,通常是一个从直觉到自觉、或者从规范到专业、或者说带有被动的到以主动为主的发展过程。这个过程,需要一定的体制、制度与机制的保障。体制问题,并不是校长所能决定的,因此,校长重在制度与机制的创新。

教师专业发展的机制,我们可以理解为在一定体制下的促进教师专业发展的各种制度以及手段等方面的运行方式。由于思考的角度不一样，会有各种不同机制。我们这里是从推进教师发展的外部力与内部力来思考的这个问题，归纳起来，可以把促进教师专业发展的机制分为如下几种。

（一）推的机制

"推"就是推动的意思。我们要建立一支充满活力的师资队伍，要"活"起来，就得让其"动"起来。当然，动也不是乱动，要有底线地动。为此，必要的约束是必需的，同时，约束是一种带有被动或者强制的"动"，我们需要一种能够刺激教师尽可能主动的机制。因此，推的机制，目的在于约束与激励。

（二）引的机制

"引"就是指引发与引领的机制。当推的机制发挥作用后，教师队伍"动"起来了，接着作为校长就需要考虑教师发展"动"的方向性问题，向"素质教育需要"的方向动，还是向"应试教育需要"的方向动？这就需要引的机制。人的需要是能够被引发的，引发与引领就是指学校要有能够引起教师的积极需要，这种需要是与素质教育的要求、与学生主动发展和教师自身自主发展的需要相一致的需要，这就需要理论引领、专业引领与专家引领。因此，引的机制，既是一种引发教师内在需要，又是一种引导教师发展方向的机制。

（三）悟的机制

"后推前引"，从根本上说，这是一种外力的促进机制。前面我们分析过，教师的实践智慧是依赖教师自身的感悟而获得的。因此,当在外部构建好"后推前引"机制的同时,我们要考虑教师发展"中间悟"的机制。悟是一种"自主与顿悟"的个体行为,作为学校也就主要是为教师来搭建多样性的悟的平台①。

在笔者看来,教师队伍的专业发展问题,从根本上是教师的自我设计、自我构建和自我达成的过程,教师的专业自觉是其实现专业成长的先决性条件。从这个角度出发,在实际的工作中,我们将提升教师的专业自觉作为教师专业发展的重要抓手。同时,作为校长,笔者也清醒地认识到,教师的专业成长,必然是发生在现实的教育环境之中,根据上文的表述,校长在促进教师专业成长的过程中可以发挥多方面的复合作用,从中山北路第一小学的实际情况看,我们在促进教师专业成长的过程中,除了激发教师的专业自觉这一根本性举措之外,还主要从营造教师专业发展文化、设计教师专业发展举措两个方面构建"一体两翼"的教师专业成长机制。

第三节　百舸争流:指向专业发展的教师文化

不论是从教师专业发展的内容、方式考量,还是从教师专业发展的场域特征、教师的职业特征进行分析,教师的工作都带有明显的文化特质,教师的专业发展是一种富有文化内涵的发展,教师的发展离不开文化的浸润和支持,从这个角度出发,笔者所在的学校着力通过构建同舟共济的船文化来打造"同舟共济、百舸争流"的教师文化,并以此促进教师队伍的专业成长。

---

① 王俭.促进教师专业发展的校长作为[J].教师教育研究,2015,(2).

一、教师文化与教师专业成长

文化有广义与狭义之分：广义文化是指人类在社会历史实践过程中所创造的物质成果与精神成果的总和。狭义文化是指社会的精神产品，即社会的思想道德、科技、教育、艺术、文学、宗教、传统习俗等等及其制度的一种复合体。教师文化是一种独特的文化，按照日本学者佐藤学的理解，教师文化系指教师的职业意识、专业知识与技能，感受"教师味"的规范意识与价值观、思考、感悟和行动的方式等等，即教师们所特有的范式的职业文化。

在笔者看来，教师文化与教师专业发展有着密切的关联，积极向上的教师文化可以成为促进教师专业发展的有效方式，同样，教师的专业发展，又会进一步彰显教师的文化特征，促进教师文化的转型升级，教师文化与教师专业发展在教育实践中表现出较强的相互促进特质。

从静态上看，一定的教师文化总是与特定的教师职业专业化程度相适应。作为由教师团体所构成的共同价值体系与行为规范的教师文化，是由教师在其职业生涯中，基于专业实践在与同事、学生、家长、社区等各方面的互动中，以个体的形式集体创造的，是对其群体职业生涯与职业状况的真实的能动的反映。就这一点来看，一定的职业状态必然会生成与之相伴的职业文化，反之特定的文化必然"映照"一定的职业状态。

从动态上看，教师文化与教师的专业发展又是在动态的相互适应中，相互促进共同发展的。教师文化的生成基础是教师的职业活动，而教师职业活动的基本特征之一，就是没有明确的边际性。这一特征决定了教师工作的范围是极其广阔的，而且在教师职业中,虽然作为个体的教师其职业生涯是有限的,但是以教书育人以及人类文化传承为职业的教师群体的职业生涯却是永无止境的。教师职业可供探索的广阔领域和教师群体永无休止的职业实践,为教师的职业发展和教师文化的不断演进提供了实践的可能、必要的条件和现实的要求。随着职业实践的不断深入、职业经验的积累、职业意识的不断深化,教师群体的职业化进程也一直处于不断发展之中,与职业化进程的不同阶段相适应,教师文化也会随之形成新的内容和新的形式;教师文化虽然是基于教师职业状况而生成的一种特定的职业价值取向和本行业的行为规范,但一经被行业接受就会成为指导本职业专业实践的行动指南,指导着教师的职业实践①。

应该指出,教师文化的形成具有多种途径,从学校管理的角度看,作为学校管理者,一方面应该重视教师群体中文化的自发养成,发现、挖掘和培育好教师的非正式文化和个性文化。但更为重要的是,学校管理者应该主动引导和建构积极向上的、能够为教师专业发展起到积极作用的、个性鲜明的教师文化,并通过这种文化的引领作用,打造出具有学校特色的专业发展之路。

二、中北一小的教师发展文化

在推动学校改革与发展的过程中,笔者所在的中北一小,在2005 年实现两校合并之后,就根据学校发展的实际需要提出了打造同舟共济的"船文化"的校园文化建设目标,并将"船文化"的理念融入到教师队伍的建设之中,提出了以"同舟共济、百舸争流"为

---

① 赵炳辉. 教师文化与教师专业成长[J]. 教师教育研究,2006,(4).

核心价值的中北一小教师专业发展文化,并以此为价值和精神引领,探索有效的教师专业发展路径与策略。

从价值内涵上看,同舟共济谋求的是教师团队的建设,呼唤的是教师队伍的整体专业发展和素质的提升,它把学校的发展、教书育人目标的实现、教育的革新等工作,都真正视作教师的集体工作,希望通过教师集体的成长形成推动学校各项事业发展与进步的有效动力,倡导的是教师之间的互助合作,共同成长;百舸争流强调的是教师的个性化发展,希望教师在专业发展的过程中能够充分保持和发扬自己的个性特征,在自己熟悉的领域有所建树、有所创造,在学校整体的发展中营造出你追我赶、努力上进的文化氛围,特别是充分认识到不同类型、不同专业发展水平、不同学科教师之间的差异性,并将这种差异视作实现教师共同成长的有效资源。

实践中,我们通过选准结合点,打造连心链,提升团队向心力,推进"师徒结对、伙伴合作、名师工作室、"为主要形式的"三级连心链"建设;通过找准着力点,打造人才链,提升核心竞争力,进一步推进"学科管理骨干、学科研究骨干、骨干后备人选"为主要对象的"三级人才链"建设;通过瞄准突破点,优化生态链,提升持续发展力,推进"影子式、负载式、导师式"为主要形式的"生态链"建设,促进骨干教师人才的"裂变"和青年(干部)后备人才的"聚变",达成中北一小骨干教师队伍的持续发展。"人才链"的建设,使得"百舸争流"这一思想内涵化为一种积极向上的争先创优氛围,提升了学校成员的行动力和创新力。实践中,我们组织教师开展了"修订个人发展规划,争做勤奋型'船员'"、"苦练基本功,争做专业型'船员'"、"打磨精品课,争做高效型'船员'"、"开展课题研究,争做智能型'船员'"等活动,我们还结合党的群众路线教育实践活动开展了"和谐奋进，绽放 2014"、"师爱在这里闪光"、"启迪新思新知，走出职业倦怠，提升师德师能"等基于教育教学实践的主题活动。系列活动在提升各层级教师综合素养的同时，使得"同舟共济"这一思想内涵成为学校成员共有的价值观，提升了团队的协力同心的凝聚力。

第四节 整体提升：设计多元化的教师发展策略

我们认为，教师队伍的建设是事关学校整体改革与发展的关键性问题，促进教师专业发展，最为根本的举措是设计合理的、多元化的、满足教师需要的专业发展策略。同时，在我们看来，教师队伍的建设不是孤立的行为，而是植根于区域经济社会和教育发展的现实土壤之中，因此，设计教师专业发展的相关策略，应该统筹考虑区域教育发展的需要和学校、教师的现实情况，只有如此，学校之中促进教师专业发展的相关策略才能是有理、有力的。

近年来，上海提出要率先实现教育现代化，普陀区提出了要打造优质教育"互联网"的战略目标，作为区中心小学之一，如何发展成为区优质教育圈的支撑点？我们认为关键是教师团队的建设，为此，我校遵循"聚沙成塔、点石成金"的信条，围绕打造"学科品牌教师群、年级骨干教师链、整体优化教师面"的理想目标，从"爱岗敬业，为人师表，能勤奋教书育人；遵循规律，遵守原则，能规范教书育人；专业发展，与时俱进，能智慧教书育人"三个维度，循序渐进地发展教师的育德能力、教学能力和科研能力，持续提升教师的专业化水平，从而初步建立了一支与学校办学理念、发展目标、课程实施、办学特色相适应的教师团队。

一、优化整体教师面

我校从塑造教师人格魅力入手,以提高教师的师德水平、人文素养和育德能力为重点,以主题教育活动为载体,促进教师为学、为人、为师的有机融合。我们向教师推荐《细节决定成败》一书,引导教师做人、做事、做管理,一定要注重细节,从小事做起,把小事做细,精益求精;开展了"同舟共济,打造中一"系列活动,弘扬高效团队的船理念,同舟共济的船文化,引导教师在教育生涯中建立一段快乐和谐的航程,营造一个快乐和谐的团队;鞭策教师以"学生、家长、社会"满意为标准规范自己的育人行为,用"爱心"、"细心"、"精心"灌溉祖国的幼苗;组织了"岗位承诺、岗位争先"等主题活动,激励教师在岗位上履行承诺,发挥各自的睿智,共同努力践行。学校涌现了一批魅力教师:3 名教师分别获得上海市"三八"红旗手、上海市优秀教育工作者、上海市模范教师等荣誉称号;1 名教师获"普陀区我心目中的好老师金奖,17 名教师荣获市、区优秀园丁奖,7 名教师荣获市、区师德标兵、优秀班主任、党员示范岗等荣誉称号。其二,聚焦课堂,优化教师的教学行为。我校提出以"生成性的课程观、开放性的教学观、个性化的学习观"引领教学改革,要求教师围绕"趣、蓄、拓"教学策略的研究,正确处理好知识与技能,基础与创新,情商与智能开发之间的关系,切实落实"三维"目标。本着"让每一位教师都出色,让每一个课堂都缤纷,让每一位学生都受益"的目标,帮助教师打磨精品课,不断提升教师教改实践能力。学校先后有 39 名教师在全国、市、区各类教学大赛中获得等第奖;2 名教师成为市"双名"、"双优"工程培养对象,3 名教师曾成为区学科工作室领衔人,2 名教师被评为区高级指导老师,9

名教师被评为普陀区教育教学能手、新秀。其三,课题研究,提升教师的专业智能。学校分别向中央电教馆、世界教科文组织联席学校华东师范大学、上海市教育科研规划处申领了 8 项课题,其中 5 项已完成结题。参加了由北师大和北外主持的有关英语教学的两项国家级课题研究。目前我校 100%的教师参加了校级以上科研课题研究,各级骨干均承担了区级以上立项的各级课题研究,其中 41 位教师取得一定的研究成果,他们执教的课堂教学,撰写的研究案例、论文,制作的网站、课件分别获得全国、市级各类科研比赛等第奖。教师们总结的 123 篇研究经验和论文获奖,81 篇刊登在各级各类报刊杂志上。

二、打造年级骨干教师链

在组建年级组和教研组时,充分考虑学科研究骨干和学科管理骨干的协调融合,旨在通过交互搭配,激发群体的智慧。一方面要求每个行政人员做到"三个一"即亲临一个班级教学,深入一个年级组指导,抓好一个分管的条块工作。要求他们在专业能力发展上面做到两点:其一,在学科、学术、学问上有所建树;其二,在指导、研究、评价上有专业能力。另一方面将各学科、各层次的专业骨干有机地、均衡地分布到各个教研组,使学校在教师专业团队的打造中掌握"权威的"、"专业的"话语权。此外,将骨干教师与青年教师结成教育教学合作伙伴关系。通过"教师自选、学校协调、互相认定"的程序,建立教学伙伴关系。采用个体师徒结对与团队师徒结对相结合,聚合型与散点型教研活动相结合,传统教研与网络教研相结合的方式,以"打磨精品课"为抓手,让青年教师在实实在在的教育教学实践中感受骨干教师的敬业精神、汲取实践经验,不断提升各级教研团队"勤奋、规范、智慧"的教书育人的能力。

上述教师专业发展方式在实践中取得了很好的成效,也形成了很多动人的教师成长故事,例如:我校数学教研组为了帮助小刘老师提高教学水平,通过三阶段磨课,不断提高他的教学水平。第一阶段,帮助小刘老师备好课。教研团队一起分析教材,根据学生基础和课程目标制定教学目标,研究教学策略,小刘老师撰写教案。第二阶段,帮助小刘老师磨好课。首先小刘老师在平行班中试教,教研团队集体评课;其次针对重点环节,组织团队成员各抒己见,交流设计案例;最后,团队骨干先行实践,专家现场点评。第三阶段,帮助小刘老师上好课。分管领导组织教研大组教师,通过"说课—上课—评课"的形式进一步开展集体研修。第四阶段,总结反思,通过小刘老师的个人反思和团队的集体研修,帮助小刘总结经验,寻找规律,辐射家常课。课后刘老师在自己的教学反思中这样写道:

"通过这次磨课,让我深切感受了如何从学生生活经验的分析、教学的生成性预设来制定教学目标,研究策略突破教学重、难点;感知了教师一个问题语言的表述、一句过渡话语的运用、一个教学课件的挖掘都能改变学生的学习过程;磨课让我感悟着、收获着、幸福着,同时又被激励着,鼓舞着。磨课永远也磨不出最好的课,但每次磨课总有精彩,也总有遗憾……"

三、塑造品牌教师群

"多层次育名师、全方位推名师、个性化树名师"是我校塑造品牌教师群的策略。我们分阶段、有层次地采取有效措施推进品牌教师群的建设。

搭建实践的平台,提供成才的阶梯是培育名师不可少的条件。我们的做法是:其一,建立成长档案。我们要求学校各级骨干根据自身特点和学校、学生发展制定个性化的发展规划,采取个人建档和学校管理相结合的办法,建立成长档案,记录成长足迹;其二,开展拜师学艺活动。我们分层次从市、区校内聘请了专家学者、一线老师担任学校各个梯队骨干的导师;推选骨干教师参加各种业务骨干培训和主题研究培训,学习外区、外省市的成功经验;其三,举行教学比武和展示。陈燕、施慧、周炜老师是一批已多次获得过各级教学大奖赛一等奖,分别在市区有一定知名度的青年骨干教师。学校在教育局,市区教研室和华师大的支持下,积极选派各级骨干参加区内外的教学展示、教学比武和学术交流活动。第四,组织专题项目研究。我们一方面组织各级骨干领衔或承担国家级、市级和区级的各项课题研究,让教师在承担课题的研究中更好地学习科研理论、提炼实践经验、总结科研成果,提高教育科研水平;另一方面,每年暑假我们将学校的重点项目分块切割,聘请专家面对面指导,采用团队协作攻关等方式,在学习、实践中不断扩大各级"名师"后备队伍,让更多的新人冒出来。目前学校各级骨干均承担了学校在中央电教馆、世界教科文组织联席学校、上海市教育科研规划处、普陀区教育局立项的各级课题的研究,教师们总结的123篇研究经验和论文获奖,81篇刊登在各级各类报刊杂志上。学校5位骨干与专家和名师结对;聘请了19人次的专家来校指导、讲座;推选了12位骨干参加了外省市和市级的主题研究活动。学校的信息技术研究项目、英语强势学科建设、拓展型课程建设等重点项目也在教师团队的攻坚中得到了发展。第五,全方位推名师。名师的出名需要教师自身的努力,还需要学校为其搭建平台,提供崭露头角的舞台。陈燕老师曾多次获得英语教学全国、上海市、普陀区教学评优一等奖,是一位已经形成了一定教学风格的优秀教师。为了进一步培养其迈进名师行列,学校推荐陈燕老师参加了上海市名师培养后备人选的培训。通过经验报告会、教学交流会等形式,介绍他的教学经验,展示他的教学风格;通过组织全国的、市级的观摩课、展示课、研讨课等途径推广他的课堂教学成功经验和课堂教学的改革成果;通过金爱心教师、普陀区劳动模范班组、上海市模范教师等系列评优活动展示他的综合素养;通过新闻媒体的采访和报道来进一步推广他的知名度。现在陈燕老师不仅在上海市小学英语教师中享有一定的声誉,而且经常有外省市通过各种途径邀请他送教展示,华师大也经常邀请其参加名师课堂展示活动。

从文化建设和实践成效的视角来反思我们学校的教师队伍建设,我们认为,我们所打造的以"同舟共济、百舸争流"为核心价值取向的教师文化以及采取的多元化的教师专业发展策略,具有以下三个方面的基本特征:

第一,高度的专业自律性。进入专业阶段的教师其专业自律性主要表现在:其工作的动机为确信通过自己的工作可以为人类的幸福和作为个体的学生的成长作出某种贡献,即笃信教师职业是一种超越个人利益,能够参与社会和文化建设的职业。基于这样一种超越了以获利乃至于单纯谋生为动机的教师,其工作的基底是服务于社会和人类的发展与进步。在这种职业理想的指引下教师就会把其所从事的教职工作看成其生命的有机组成部分,进而能够以高度的专业精神和专业标准自觉地规范自己的职业实践。从实践来看,经过文化的浸润,加上相关措施的保障,教师们普遍认识到了专业发展的必要性和紧迫性,也能够较为明显地提升自己的专业自觉,能够主动设计和思考自己的专业发展问题,主动发展成为学校教师队伍的新常态。

第二,合目的基础上的互依性。合目的是教师在共同的职业理想指引下,在对传统的、个人的和分化的教师文化的改造中形成的,其核心内涵是教师从完整的职业目标出发来思考、调整自身的职业活动,从而使群体表现出强烈的合目的性。互依性是教师在合目的基础上,所形成的新型的基于共同的职业理想和目标而结成的专业合作关系。我们认为,当代教育的复杂性,使得教师的专业发展同样呈现出复杂性特征,教师在发展的过程中不应该成为"单打独斗"的"英雄",而应该成为关系亲密的合作伙伴。从实践的角度看,我们所倡导的"船文化",其核心实际上正是强调了教师发展过程中的相互支持、相互合作,这种同伴互助关系的确立以及教师专业发展共同体的形成,彰显了现代教育发展和教师专业成长的基本特征,在实践中具有较强的生命力。

第三,多维度的开放性。多维度的开放性是职业专业化阶段教师专业发展的内在要求与外显的特征。教师职业专业化的最基本动因,是提高教育、教学的质量和水平,为人的全面和谐发展和社会的进步服务。教育职业工作的直接对象是人,其工作的直接目标是人的发展,而影响人的发展的因素又是十分复杂的。因此,进入专业化阶段的教师在具体的职业实践中,需要及时吸收借鉴其他领域、学科的新成果、新知识,倾听来自社会各个阶层的不同"声音",在与同事、学生、家长、专家、社区的双向互动中,在开放的学校、课堂中营造更加真实的教育、教学情境,以完成职业任务并提升自身的专业素质。在实践中,我们不希望自己学校教师的发展是一种封闭的发展,我们通过搭建相应的平台,让教师在与同伴的交流中,在与家长的沟通中,在丰富的活动中不断展现自我,为教师的专业发展打造开放的空间,让教师的专业发展呈现出多维度的开放性,在我们看来,只有如此,教师的专业发展才能够达到"问渠那得清如许,为有源头活水来"的理想境界。

第五章　以评价研究为突破，
提升学校发展的创新力

学校是实施教育创新战略的基地，一个学校的创新力如何，是这个学校的整体综合实力的重要标志。从学校教育改革的实践角度分析，学校教育创新力指标的确立是学校现代发展战略的重要前提，也是国家对基础教育学校办学质量水平进行宏观调控与管理的重要依据。

——裴娣娜（北京师范大学教育学院　教授）

当前，我国基础教育发展正经历一个重要的转变，即由规模、数量发展转向更加注重内涵、更加注重质量发展。如果说规模、数量的发展更多的是政府责任的话，那么提高学校的办学内涵和教育质量，学校则承担着更大的使命。提高学校的办学内涵和教育质量，需要学校教育创新。学校教育创新指的是学校教育主体，通过新的创意、新的构想、新的思维方式和行为方式、新的教育技术和手段，对原有的不合理的理论观点、思想方法、技术手段的突破和超越，是在学校变革与发展中更有效地实现教育目的的一种创新性活动。也就是说，通过创新性活动，构建有变革创新能力的学校教育,从而突破种种阻碍学校改革与发展的限制,使学校实现根本性的变化①。在笔者看来,推动学校创新的路径是多元化的,例如学校管理模式的变革,教育教学方法的革新,文化品牌的构建等。从根本上讲,创新总是与研究相关,只有主动开展研究,才能产生创造性的思维和行为。因此,在推动学校创新力提升的过程中,笔者所在的中北一小注重以教育科研项目的实施为抓手,通过项目研究,特别是贯穿学校十二五发展的评价项目的研究,不断促进学校的内涵式发展,也为学校创新能力的不断提升奠定基础。

第一节　内涵发展:学校办学面临的新课题

学校发展一直是教育发展中的重要话题,当前,学校的发展也呈现出了与以往不同的特征,除了办学条件的改善以外,当下的学校发展,更应该关注学校的内涵发展。有别于之前的外延式发展,学校的内涵发展呈现出主动化与特色化的特点,以校为本、专业引领、多方合作的模式渐趋成熟。内涵发展的主体是立足学校自身,以师生身心发展为基础,利用校内教育资源。内涵发展的最终目的是学校中人的主动发展,尤其是学生的主动发展。

纵观我国学校走向内涵发展的历程,总体上体现为由政府主导到学校主动追求的主体转换、由规模扩张到质量提升的主题变迁、由注重硬件建设到关注内部能量建构的重心转移等鲜明特点,体现了我国学校由规模化、标准化、重点化到多样化、主动化、特色

---

① 裴娣娜.学校教育创新力研究的几个基本问题[J].中国教育学刊,2008,(6).

化的发展趋势,为我国基础教育的变革与发展奠定了良好的基础,也为学校进一步的发展积累了丰富的经验。例如由政府主导到学校主动追求的主体转换,由规模扩张到质量提升的主题变迁,由注重硬件建设到关注内部能量建构的重心转移等①。在笔者看来,学校的内涵发展,是当下经济社会发展的必然选择,同时,当下经济社会的快速发展,也为学校的内涵发展提供了现实的可能。从笔者所在的上海地区看,随着上海经济社会的快速发展,特别是教育改革与创新步伐的加快,上海的基础教育整体上看已经进入了较为明显的转型时期,这种转型的重要标志就是教育发展方式从外延型到内涵型的转换,这种转换,固然需要外部的物质、政策为支撑,但更为重要的是作为教育变革主体的基层学校要充分认识到教育内涵发展的"使命召唤",以更加主动、开放的心态和持续不断的教育变革来承担起转型发展过程中学校应承担的光荣使命。

一、不断更新学校发展理念,回归于人的发展

学校内涵发展的重要目标是创建优质学校。什么样的学校最优质? 要回答这一问题就要回归对人发展的关注。一个学生走进学校,他所遇到的每一件事、看到的每个场景,其实都是一种教育,学校的全部生活就是课程。当我们追寻教育本原的时候,人的发展理应成为一所学校关注的出发点和归宿点;教育应关注到每一个学生内心世界,进而通过课程的浸润使得其内心世界丰富而充实,这是一所学校能够成为优质的核心。

① 周靖毅,王牧华.学校内涵发展的嬗变与路径选择[J].当代教育科学,2015,(6).

当前,单一的分数指标已无法反映学校在对改变孩子内心世界的过程中所作出的贡献。要真正衡量学校教学质量的优劣,首先要改变的就是对学校的评价,如果一所学校能通过不同的教育方式对不同起点的孩子对其不同的发展路径起到推动作用,那就可以判定这是一所优质学校。尽管每个孩子的家庭背景、生活经历各异,学习基础、学习习惯不同,但如果一所学校,能够促进其内心世界的发展和学习习惯、学习能力的形成,当其走出学校面对社会的时候能充满自信,我想这就是一所学校对人一生的影响。

学校怎样才能帮助每一位学生发挥出他们的真实潜能?学校该怎么激发每一位学生去发现他们内在渴望学习的热情?学校应该如何去尊重每一个个体经历的独特生命旅程?这些对人发展的关注,意味着学校在教育转型过程中必须传递一种信念——让学生为成为一个完整的人而学习。

二、不断提升学校发展境界,努力走向文化自觉

以数量指标和物质计量为价值取向带来的是短期效应,今天着眼于人的内涵发展阶段的教育改革实践则是把变革理解为包括众多阶段的一个过程,一方面确保先行探索的成功经验不会停滞不前,另一方面又着眼于采取行动策略让每一所学校既谋求学业质量的提升又着力在建构培养心智健全学生的能力,使之产生持续发展的态势。这就要求学校改变以往依据自上而下的指令性要求被动执行的状态,而要对内外需求保持敏锐洞察和积极适应,采取有效应对措施,给学校的"生命机体"注入持续动力。

今天,政府所提供的教育公共服务水平高低是由校长与教师团队共同努力通过作用在每一个学生身上的专业服务质量来评判

的。以往自上而下的改革策略的局限是让变革不易成为校长和教师们"自己的事"。在转瞬即逝、复杂多变的社会系统中,对居于一线,直接面对教育消费者的校长和教师而言,信任关系和创造活力至关重要,而高水平办学和高质量教学的责任心和使命感需要根植于校长和教师的心灵,变革的理念应成为校长和教师内生的动机。这种教育工作者的专业性必须由育人观念、投注热情和对能力建构的不懈追求以及新知识的不断创造来驱动,这种力量会超出严格意义上的学校工作日限制,深入其日常生活的领域。也只有进入这样的状态,学校的办学境界和教师的专业境界才会真正提升,从而走向"文化自觉"。当然,当前我们依然需要"自上而下"的顶层设计与"自下而上"的实践智慧相互作用产生一种"创造性的张力"来推动教育的成功转型。

三、不断促成学校发展变革,从关注教师转到关注学生

教育转型说到底就是人的转型,对于学校来说,人的转型之核心就是从教到学的转型,真正从关注教师的"教"回归到关注学生的"学"。

学习是人的天性。关注学生的学已经成为全球关注的焦点。20世纪六七十年代,各国开始注重教育是因为把教育作为发展社会的人力资本,那个年代,人们的注意力放在研究教育系统内的入学、经费、结构和学校布局等问题上。到了八十年代,人们感觉到学生即使全部入学,还不能保证他们学到东西,开始把注意力转移到学校上来,进行了十年左右的"学校效能运动",焦点是学校管理,认为学校管理好了,学生就会学得好。到了九十年代后期,全

球研究教育的"重心"继续下移,大家谈论的焦点不知不觉地开始围绕学生个人的学习而展开。课堂教学改革因此成为全球焦点。教育工作者逐渐认识到,教是手段,学是目的。

　　近年来,中国的教育也逐渐开始把焦点从"教"转移到"学"。但在这样的转型中,我们也不断地受到观念激荡——长期以来,我们一直认为"教得好"就能"学得好",而且在这方面已经有了有力的评价证据。但是,今天我们是否应该想到另外一些维度。比如,新加坡提出"教得少,学得多"的方向;又比如,如何进入一种境界,可以让学生在知识的天地里自由驰骋,而教师只是发挥指点和引导的作用;还有,有些学生的学习的确并不发生在课堂教学范围之内,甚至不是学校范围之内的,那么如何同样实现促进他们学习的目的? 我们身处创新型社会的建设中,怎样让学生尽早有机会开发创新的学习领域,创造新的有用知识和创意成品? 加拿大教育家迈克·富兰有句话很深刻:"对每个孩子的高期待,以及由基于牢固基础知识和理解每一个孩子需求之上的高质量教学,意味着学校根据不同孩子的学习方式调整教学,意味着学校小心翼翼地滋养着每个孩子独一无二的天资。因为每个孩子都与众不同。"①

第二节　科研强校:实现内涵发展的新路径

　　实现学校的内涵发展,需要从不同角度设计多元化的思路,这其中既包含了学校办学和学校管理理念的更新,也包括了师生思

---

　　① 尹后庆.上海基础教育转型发展的责任担当与现实使命[J].教育发展研究,2011,(18).

维方式、价值观念和行为习惯的变革。从内涵式发展的本源意义看,内涵发展的核心在于增加学校发展的情智投入,提升学校发展的质量,特别是理论含量、知识含量、智慧含量和技术含量。而要实现这样的目标,必须对学校办学和发展过程中不断出现的问题进行持续性的研究,不断发现问题、研究问题和解决问题。也正是因为如此,我们认为,通过学校的教育科研活动达成学校的内涵式发展是当下教育背景下,学校实现自我发展的一种应然选择。

科研,原本被认为是"大雅之堂",因其为专家学者之特权而讳莫如深。但随着基础教育改革的深化,特别是"教师成为研究者"这一命题的提出和日渐深入人心,这种认识被冲破了,教育科研成为广大一线教师新的价值诉求,渐次形成学校生机勃然的亮丽"风景",也成为促进学校发展的有效方式。

中小学校教育科研工作的迅速发展是我国教育领域改革开放的重要"标杆"之一。倘若要对学校教育科研历史进行回顾,基本上可以分为三个阶段,即 20 世纪 80 年代中期各地普遍设立教育科学研究所至 1995 年国家正式提出"实施科教兴国战略"为第一个阶段,其特征是学校零星地并且是自发地开展教育科研工作,具体表现为部分中小学在高校或教科所的指导下进行教育实验研究;国家提出"科教兴国战略",其核心价值是强化"科学技术是第一生产力"思想,因此,学校从事教育科研的热情与信念被高度激发起来。在第二阶段,教育科研开始体现多样化、大众化和普及化等特色,科研"下嫁"始成气候。第三阶段从 2001 年国务院批准《基础教育课程改革纲要》至今,基层教育科研在很大程度上聚集课程改革,诸如教师专业成长、课堂教学创新、教育评价改革以及新的学生观、教学观等等,科研的针对性、实效性开始受到高度关注,教育发展的内在引擎被充分激活。

　　教育科研成为学校日常工作的"新常态"有一个认识演进的过程。在早期,学校致力教育科研工作的目的多半是求"锦上添花",不仅开展这项工作的学校是所谓的名牌学校,而且在研究过程中还聘请了校外专家进行深入的指导,衡量科研成效的标准是能否"获奖"。20 世纪 90 年代中期以来,尤其是在本世纪,当教育科研突破学术之禁锢走向火热的改革实践后,"雪中送炭"的功能开始显现,人们逐渐发现学校教育中的很多问题,尤其是在改革背景下学校教育碰到的许多新问,不能采取"拍脑袋"的方式简单处置,而是亟需用科研的方式探索性地、创新性地加以解决。事实上,许多学校正是在改革开放的新背景下通过教育科研使教师队伍建设取得显著的成效,通过教育科研"兴校"的成功范例层出不穷,越来越多的人认识到教育的改革与发展需要诉诸教育科研这一全新平台。科研兴师、科研兴校、科研兴教日益成为广大教育工作者的一种共识,教育也因科研"元素"的成功介入而改善了内在的品质。

　　对于一线教师而言,通过科研对其成长至少会产生三大独特的作用:其一,通过科研,教师能对自己的教育感悟进行理性的梳理,从而使自己的教育直观得到升华;其二,通过科研,使教师自觉地产生了不断学习的内在动力,尤其是学习教育科学理论的需求,促进教师素质的提高;其三,通过科研,教师有的放矢地研究并解决实践中碰到的问题或困惑,从而使自己的执教能力得到改善。教师队伍整体水平提高了,在很多情况下学校办学水平的提升就水到渠成,教育质量也因而得到提高。在某种意义上,群众性的教育科研态势是我们"穷国办大教育"取得成功的"秘密武器",在我国,教育科研工作事实上已成为学校发展的强大引擎①。

---

　　①　方展画.兴师、兴校、兴教:教育科研是学校发展的强大引擎[J].教育研究,2009,(5).

　　基于上述分析，学校之中的教育科研活动，对于教师的发展、教学的改进以及学校整体的进步都有着极为重要的意义，也正是因为如此，教育科研活动越来越成为学校在促进教师专业发展、实现学校整体办学质量提升过程中的重要举措，"科研兴校、科研强校"逐渐成为学校发展过程中管理者们的一致性选择。

　　从笔者所在的中北一小看，在推动学校办学的过程中，我们非常注重通过科研项目的申报和研究为教师的专业成长搭建平台，也为学校教育教学事业的改革与学校的整体发展提供智力支持。近年来，学校的教师先后参与了数十项各种层级的教育科研项目，其中厅局级以上的、具有较大影响的项目有近二十项（参见下表），通过这些项目的研究，我们逐渐走出了一条以教育科研活动为载体促进学校内涵式发展的新路径。

近年来中北一小局级以上课题立项情况统计表

序号	课 题 名 称	立项部门	备注
1	家校合作构建学生成长"网档"促进学生快乐、健康发展	中央电教馆	已结题
2	关爱教育校本课程的开发与实施研究	普陀区教育局	已结题
3	关爱教育校本课程的开发与实施研究	上海市教育学会	已结题
4	基于关键事件构建学生成长"E档"的实践研究	普陀区教育局	已结题
5	基于关键事件构建学生成长"E档"的实践研究	上海市教育科学院	已结题
6	基于"数字导学"小学数学图形与几何领域探究学习方式的研究	上海市教育委员会	已结题
7	在数字化环境中运用BrainPOP网站优化自然课的探索	普陀区教育局	已结题

（续表）

序号	课 题 名 称	立项部门	备注
8	新课程背景下的英语有效教学资源研究	普陀区教育局	已结题
9	依托信息化校园创新少先队工作模式的探究	上海市少年儿童研究中心	已结题
10	自学辅导教学法在小学中高年级数学应用题教学中的案例研究	普陀区教育局	已结题
11	小学三年级英语资料包开发与运用的研究	普陀区教育局	已结题
12	以 QQ 为载体提高少先队员自主管理能力	普陀区教育局	已结题
13	基于数字导行,提升学生行为规范品质的实践研究	上海市学校德育"德尚"系列研究课题管理领导小组办公室	已结题
14	基于数字导行,提升学生行为规范品质的实践研究	普陀区教育局	未结题
15	"走进大学堂,践行红色梦"校本课程开发实践的研究	普陀区教育局	未结题
16	现有纸质上海小学生成长手册与校本学生"E 档"的使用策略研究	普陀区教育局	已结题
17	小学数学教师教学提问的创意性案例研究	普陀区教育局	已结题
18	思维导图在小学数学几何图形学习中的应用研究	普陀区教育局	已结题
19	开发运用"微视频"在小学数学"统计与概率"领域促进学生探究学习的实践与研究	上海市教育委员会	未结题

在通过教育科研活动促进学校发展的过程中,我们充分认识到,学校之中的教育科研活动,与教育研究机构的研究活动有着明显的区别,我们尽可能使研究的选题和内容能够与学校教学改革

与发展的实际相契合,这样就有效地避免了科研与教学的"两层皮"现象,较好地协调了教学与研究之间的关系。审视我校教师主持和参与的相关课题研究,可以发现我们的研究呈现出实践属性、微观属性和行动属性三个方面的基本特征,也正是因为这些特征的存在,才使得我们的教育研究行为能够更加彰显一线教师的研究特点,更加切合学校改革与发展的现实需要,也才能够真正成为促进学校内涵发展的有效方式。

第三节 绿色评价:学生成长蕴含的新要求

学校中的教育研究,涉及的领域是比较宽泛的,包括教育理念的革新,教学方式的变革,班级管理的创新等,但是,学生始终是教育工作的核心,学生的成长是教育的根本使命,这也就意味着,不论教师研究怎样的内容,也不论教师采取怎样的研究方式,其最根本的指向都应该是学生的成长与发展。从这个意义上说,学校之中推进内涵发展,开展教育教学研究,应该以学生为根本指向,通过教学研究,促进学生的成长成才。

学生的发展,是植根于一定的教育环境的,教师的教育教学研究,应该始终关注教育改革与发展的最新情态,研究学生发展面临的新形势、新问题和新方法。从上海市基础教育改革与发展的现状看,"绿色指标"评价理念提出之后,促进学生的绿色发展就成为了学校教育科研活动必须关注的重要命题。也正是因为如此,我们认为,站在上海基础教育改革与发展的整体角度思考,学生评价领域的改革,应该成为开展学校教育教学研究和实现学校内涵发展的重要突破口,我们在实践中也正是很好地抓住了这一突破口,实现了学校创新力的整体提升。

　　"十一五"以来,上海基础教育坚持"先一步、高一层"的发展定位,深化课改,取得了较快、较大的发展。上海 15 岁学生参加 2009 年 PISA 测试,在阅读、数学、科学三方面获得最高级别成绩的学生比例(14.6％)都超过了其他国家,名列第一,表明上海学生在学业成绩上已经达到了较高的程度。处在转型发展重要历史关口的上海基础教育,要保持优势,站立潮头,必须在阻碍教育改革与发展的评价问题上有新的突破。

一、教育内涵发展需要教育评价的转型

　　关于基础教育的内涵发展,2012 年 3 月召开的上海市基础教育工作会议作了经典的表述,重点是"五个转变":一是在教育价值取向上,从过度追求现实功利转向更加追求教育对"人"本身发展的价值;二是在教育质量评价上,从过度注重学科知识成绩转向全面发展的评价;三是在学生培养模式上,从高度统一的标准化模式转向更加注重基于需求导向的培养模式;四是在教师专业成长上,从注重学科知识和教学技能转向更加注重专业能力和教育境界的提升;五是在教育管理方式上,从单纯依靠行政手段转向更加注重思想领导和专业引领。其中,教育质量评价的改革起着重要的保障作用。评价的科学、有效,有利于树立正确的教育价值观,有利于基于学生需求实施多元化、个性化教育,有利于引导教师的专业成长,有利于推动教育管理体系的升级。

　　传统评价基础教育质量的手段单一、方法陈旧,对评价过程的控制和对评价结果的利用不尽科学。纸笔考试是传统学业成就评价的主要方式,它对教和学确实能够起到促进作用,但其不足之处

在于,它是一种不合理的高利害测验,遮蔽了教育的丰富内涵,剥夺了许多学生应该学习的一些重要东西。对于教师来说,这种高利害测试会迫使他们为提高学生的测验分数,而把课堂教学变成纯粹的填鸭式教学,或者流水线作业的工厂,压抑了学生对于学习的热爱。鉴于此,学生评价领域的改革已经成为关系基础教育内涵发展的关键性问题,甚至可以认为,是否能够实现学生的"绿色发展",已经成为衡量教育内涵发展整体质量与水平的重要标志。

二、"绿色指标"呼唤的学生评价改革

《上海市中长期教育改革和发展规划纲要(2010—2020 年)》对"绿色指标"的内涵做了基本界定,即"制定教育质量标准,建立义务教育质量评价和监测体系,实施教学质量综合评价改革试验,形成实施素质教育的导向机制"。具体而言,主要有四个方面。

(一) 实施学业质量的多维评价

"绿色指标"不仅考查学科测试成绩,还考查反映学业质量的一些敏感性因素,如学生的学习自信心、学习动力、对学校的认同度、师生关系、家庭经济社会背景等;不仅关注学生的学业水平,还关注学生为学业成绩付出的各种代价,如做作业时间、补课时间、睡眠时间、体育锻炼时间等;不仅反映质量水平和影响因素,还多方面考查学生的全面发展状况、教育公平情况,如身心健康、品德行为、校际均衡等;不仅考查学生当前的发展状况,还特别关注学生跨时间的发展变化情况,如进步指数,突出变化率,强调在原有基础上的自我改进、自我完善、自我提高。

（二）构建比较完备的指标体系

在吸收国内外教育质量评价项目经验的基础上，上海市教委和教育部基础教育课程教材发展中心合作，结合上海教育和上海学生的实际情况，进行质量内涵分析，逐步演绎，不断分解，形成十方面的学业质量绿色指标，包括学生学业水平指数、学生学习动力指数、学生学业负担指数、师生关系指数、教师教学方式指数、校长课程领导力指数、学生社会经济背景对学业成绩的影响指数、学生品德行为指数、身心健康指数和跨年度进步指数，每一项指数又包含一些二级、三级指数，由此形成了一套指标体系。

（三）探索多种方式的综合评价

"绿色指标"基于课程标准，设计学科评价基本框架，研制学业质量检测的命题技术，加强对学业质量监测结果的统计分析，注重有效的教学反馈。在评价方式上，突破单一纸笔测验的评价模式，探索了学科水平测试、问卷调查、体质监测、自我评价等多种评价方式，初步构建了以学业水平评价为基础、结合学习经历与学习过程评价的综合评价办法。"绿色指标"的测试与许多测试不同，它是低利害的，是以义务教育课程标准为依据、测试内容皆是教学内容的抽样测试，不需要学校、师生进行针对性的训练，不会增加学生的学业负担。

（四）形成评价推动改进的运行机制

"绿色指标"的评价结果不是要证明哪个区县、哪所学校的教育质量高，也不是要给区县、学校排名，其主要功能在于正确引导、合理分析与科学改进；它是全面了解教育教学状况的一个手段，是发现和诊断教学问题的一种方法。作为改进教学行为的重要依据，其着力点在于构建教育内部"标准—教学—评价"的循环系统，引导各级教育部门把关注点放在学生身心的全面发展上，重点是"四个帮助"——帮助教育管理部门依据"绿色指标"评价报告制定基于实证的教育决策，建立专业化的评价队伍；帮助教研员克服单纯依靠经验进行教学研究的弊病，实现经验与实证的深度结合，指导区域、学校、教师落实教学与管理的改进建议；帮助学校管理者掌握学生在学习进程中出现的状况并及时补救或矫正，建立以校为本的学业质量评价体系，改善学校"微生活"；帮助教师通过掌握正确的评价方法促进教学，提高敏锐洞察学生学习过程的能力①。

第四节　推陈出新：学生评价模式的新创造

在我们看来，"绿色指标"倡导的学生评价理念，不仅代表了当代教育发展的规律和趋势，也符合促进学生全面发展、个性发展和健康快乐发展的大方向，这一理念的先进性是毋庸置疑的。作为学校，应该将"绿色指标"理念的贯彻和落实作为学校教育教学改革的重要抓手和方向。但是，值得一提的是，"绿色指标"理念的提出以及其所涉及的几个方面的指标体系，主要是基于对上海市基础教育整体发展状况的判断，其所反映的是对学生评价的整体改革呼唤。但是，每一所学校的具体情况是不同的，学生的情况、教师的情况以及办学的目标、定位、质量等都不相同，这也就意味着，

---

① 尹后庆."绿色指标"评价：引领教育转向内涵发展[J]. 中小学管理，2013,(7).

对于学校来说,落实"绿色指标"的理念,最为重要的就是在这一理念的范畴和框架下,认真开展研究,提出具有学校特色的学生评价方案。

自 2012 年以来,我们中山北路第一小学在全校范围开展了《基于关键事件构建学生成长"E 档"的实践研究》,力求通过学生评价模式的系统变革,着力解决困扰和阻碍学生成长成才的现实问题,不断理顺学校各方面关系,推动学校的内涵发展,也在实践之中有效提升了学校的创新力。

一、学生评价项目研究的背景与核心概念

(一)研究背景

《基于关键事件构建学生成长"E 档"的实践研究》是基于 web 的学生成长档案简称。它是我校根据《国家中长期教育改革发展纲要》的理念,立足"绿色质量评价"背景,结合教育教学实践,开发研制的一个促进学生健康、快乐成长的数字化教育平台。本课题立足教育转型发展,建立一套具有小学特点的激励性、过程性、发展性评价体系,从而促进每个学生富有个性地、健康、快乐地成长。全方位研究既是推进学校改革与整体发展的战略思考,也是我校校本实施绿色指标,让优质教育惠及每一个"中一"学生的重要载体和抓手。我校进行的"基于关键事件构建学生成长'E 档'的实践研究",其最终目的即:为了促进每一个学生发展。它不仅记录学生作为"完整人"所需要的丰富多彩的学校、家庭生活,而且提供了一个师生、生生、家长与学生互动、交流、评价的平台,帮助学生在沟通中体验快乐,在展示中见证成长,其最终目的是为了促进每一个学生发展。

（二）核心概念

本项目的研究涉及两个核心概念——"关键事件"和"学生成长'E档'"以及两个核心概念之间的关系。

我们对项目中的关键事件界定如下：在学生成长过程中所发生的、能够对学生成长产生积极影响的比较重大的活动与事件。二是本项目中所指的关键事件具体分类。关于"学生成长'E档'"的界定："学生成长'E档'"是指基于 web 的学生成长档案的简称。学生成长"E档"具有以下内涵及功能：一是 Embody，即记录功能，它是学生成长过程的真实记录。二是：Exhibit，即展示功能，它是学生展示成长收获的有效平台。三是：Evaluate，即评价功能，它是绿色质量指标体系的校本化实施。

两个核心概念之间的关系：在这两个核心概念中，"关键事件"是"学生成长'E档'"建设的基础，它有效提升了学生成长"E档"记载内容的质量，它的数量与质量本身就是学生学习生活品质高低的一个标准；而"学生成长'E档'"在对"关键事件"进行记录、梳理的同时也将对学生关键事件的研究本身转化为一种优质的校本研究和培训资源，使得研究者在研究的过程中在反思学生关键事件的过程中可以实现教育教学的自我超越。因此，两者之间的关系是相辅相成，密不可分的。

二、学生评价项目研究的思路

（一）研究目标

整体架构基于信息技术环境下的学生成长"E档"，逐步建成由学生、教师、家长共建的富有特色的，能充分体现"记录、展示、评

价"三大功能的网络平台;通过学生成长"E档"的运用实践,研究
与提炼基本的"E档"架构和形态、组织过程与使用策略;建立健全
使用"E档"的各项管理制度,逐步建立运用"E档"的长效机制。

（二）研究内容

1."基于关键事件的学生成长'E档'"系统的设计和开发

逐步建成由学生、教师、家长共建的由"快乐动态、快乐成长、
快乐活动、快乐学习、收获快乐、快乐心声"六大板块构成,并能充
分体现"记录、展示、评价"三大功能的网络平台。

2."基于关键事件的学生成长'E档'"的实践研究

一是基于学生成长关键事件的研究;

二是基于对绿色指标的认识和解析,探索学生成长"E档"使
用的内容、形式和策略研究;

三是现有纸质的上海小学生成长手册与校本学生成长"E档"
的使用策略研究;

四是基于网络成长档案袋在学生评价和发展等方面师生家校
沟通的策略研究;

五是借助学生成长"E档"的构建促进学校教师专业成长的策
略研究;

六是使用"E档"的各项管理制度,构建、运用、管理成长"E
档"的长效机制。

（三）研究方法

行动研究法:强调研究过程和行动过程相结合、理论与实践相
结合。由专业研究人员、学校管理人员和第一线教师共同组成课
题组,按"计划—实施—观察—反思—总结—修订—再实施—再观

察—再反思—再总结……"的程序进行。

经验总结法:各个班级的"E档"由班主任进行管理,根据本班学生的成长记录情况,确立自己研究的子课题,撰写案例、经验总结或论文。

调查法:有计划和有目的地进行若干次书面问卷或口头调查,以积累资料。

观察法:每个班级的"E档",都要对学生的学习状态、生活状态等做有重点的观察记录。

个案研究或案例研究法:教师捕捉关键事件,运用"E档"落实教育的个别案例分析。

以上研究方法,以行动研究法为主,辅之以经验总结法、观察法、调查法与测试法,形成统一的研究实体,具体操作上要根据学科及内容的差异进行搭配,力求保证科学性与可靠性,避免失真。

三、学生评价项目研究的实施

本项目的主要任务有两大项:一是"基于关键事件的学生成长'E档'"系统的设计和开发。二是"基于关键事件的学生成长'E档'"的实践研究。

(一)"E档"系统的设计和开发

我校的"E档"网站建设大体上经历了三个阶段:第一,本课题在区里立项以后,我们根据网站的设计方案,在心通电脑公司的协助下建立了我校的"E档"网站雏形。第二,在市规划处立项后,我们根据前期试用的情况和课题制定的研究目标和内容,从网站的内容和功能等方面调整完善了设计方案,在晟欧软件开发公司的协助下,于2013年11月完成了"E档"网站改进重建。第三,在试运行和总结经验的基础上,对网档的内容设置、页面布局、操作步骤、后台管理和权限设置,尤其是在快乐活动和快乐学习的评价板块做了进一步改进和完善,于2014年9月完成了学生成长"E档"的第三次结构调整。至此,我校"E档"网站建设基本完成了。整个过程中,课题组都广泛听取了全校师生和家长的意见,并采取"走出去,请进来"等方式,取得了上级领导和有关专家的宝贵指导。我们把学生成长"E档"的建立称为"163"工程,即通过网络技术为每个学生建立一个电子化的成长档案;搭建包括"快乐动态、快乐成长、快乐活动、快乐学习、快乐心声、收获快乐"六大板块、具有"记录、展示、评价"三大功能的网络平台。

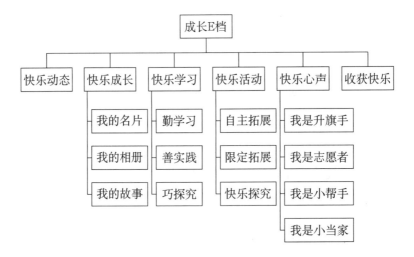

快乐动态:收录了校园新闻、主题活动、班级趣事、成长轶事等内容,最新的资讯、最快的传播,是老师、家长和学生了解学校动态的瞭望口;快乐成长:包括"我的名片"、"我的相册"、"我的故事"三大内容;"我的名片"是学生自我介绍的小天地,记录了学生的基本

信息和体质健康情况；"我的相册"以学校预设的十大关键事件为主，通过照片的形式记录下学生从一年级到五年级成长过程中重要的时刻，给学生留下儿童时代的美好记忆；"我的故事"则为学生的成长提供了个性化的空间，学生通过记录发生在班级、校园、家庭、社会中开心的事、难过的事、喜欢的事、有意义的事或者特别的事，认识自我、建立自信，留下各自独特的成长印记；快乐学习：从勤学习（基础性课程）、善实践（拓展型课程）、巧探究（探究性课程）三方面记录学生在各类课程的学习情况；在自评、互评和他评中以星星晋级的方式激励学生取得"乐学章"。"快乐学习"的评价主要通过"快乐建言"、"我行我秀"、"星语心愿"三个栏目实现。"快乐建言"——体现综合评价，"我行我秀"——提供展示互动，"星语心愿"——促进及时交流；快乐活动：学生校内的主题活动、自主活动等，校外的探究活动、实践活动等，利用选课平台参与的社团活动，在丰富多彩的活动中获得"乐活章"；快乐心声：学生发表意见、畅所欲言的自由空间，引导学生在成长中做光荣的升旗手、快乐的志愿者、智慧的小帮手和勤奋的小当家；收获快乐：学生最值得骄傲的板块，记录着成长过程里所获得的荣誉和奖状，在这些成绩里收获成长的快乐。

（二）"E档"的实践研究

1. 基于学生成长关键事件的研究

"E档"基于"关键事件"，以"电子书"呈现形式，一方面记录了学生成长中自主发展、自我教育、自主评价的轨迹，另一方面记录了教师和家长在促进学生健康、快乐成长中所寄予的期望及实施个性化教育的轨迹。在快乐成长板块中，我们预设了每个年级的关键事件：一年级的入学、入团教育、二年级的入队仪式、三年级的十岁生日、四年级的心灵洗礼、五年级的毕业典礼。关键事件也可以是生成性的：学生、教师、家长共同收集各类活动的文字、照片、影像资料，学生自评、伙伴互动、家长参评、教师点评……通过教师、学生、家长的互动，促成影响和激励学生发展的关键事件的生成。我们认为，学生的成长是一个渐进的过程，但是，关键事件经常会对学生的成长起到关键作用。对小学生来说，这些关键事件既需要常规性地预设，也需要灵活性地促成。"E档"关键事件的预设和促成，放大了个性化教育的效应。

2."E档"的使用策略研究

网站建立以后首先在一、二、三年级中投入使用，然后在学校全面推开。在"E档"的试运行到全面推开中，我们将研究计划中的"基于对绿色指标的认识和解析，探索学生成长'E档'使用的内容、形式和策略研究"和"根据纸质上海小学生成长手册与校本学生成长'E档'的使用策略研究"的两项研究内容合二为一。我们主要采取了以下策略和方法：

一是线上线下，有机融合。"E档"将构建学生成长的在线记录。在设计框架结构时，我们对线下使用多年的《上海市学生成长记录册》进行了研究。纸质成长册，包含了基础性课程、拓展型和探究型课程、快乐活动、行为规范、荣誉收获、与同伴家长心灵沟通等几大板块。基础性课程从学习成绩、学习表现、学习动力三方面评价，拓展型和探究型课程则以快乐指数为评价内容。它的设计体现了课程改革的精神。"E档"的框架借鉴了纸质成长册的结构，结合绿色评价体系的内涵，设计了快乐学习和快乐活动、快乐心声等板块。作为学籍管理，纸质成长册有着它的必要性。然而，"E档"记录的是鲜活的事例，是成长的动态，这里有故事，有笑容，有感言，它更生动形象，更具说服力，是纸质成长册的有力支撑和发展。纸质的成长册和电子档案的有机融合,促进我们更好地为学生的成长服务。

二是在研究中调研,在运用中改进。一方面借助专家讲座、课题组成员引领,让全体老师深入理解和领会"E档"开发和运用的意义。在运用中,教师们将自己的想法和运用心得及时与开发组沟通,教师们在运用中实践,开发组在运用中不断完善"E档"的运作模式;另一方面我们分年级召开了关于学生成长"E档"的家长会,讲解"E档"的内容和作用,指导家长如何使用"E档"、如何帮助孩子一起完成"E档"资料的上传。我们还邀请部分家长参与课题研讨,了解他们对成长"E档"的看法和使用体会。网站建成投入使用后,我们注意听取广大师生和家长的意见,还分别在2014年10月和2015年5月进行了两次问卷调查。两次问卷调查结果显示:有近95%的学生家中有电脑,每周能浏览"E档"2到3次以上的学生从25%上升到71%;从49.9%的学生被要求上传资料,到79%学生自觉上传资料;认为"E档"对孩子成长很有帮助的家长从18.6%上升到49%。愿意用"E档"记录孩子的成长的家长从70%上升到92%。一半以上的家长认为对孩子成长有影响的是感动的事情或是学会的本领,40%的学生觉得学校组织的活动对他们印象深刻。"E档"的六大板块中,44.9%的学生较喜欢快乐成长板块的内容,因为能较清晰地记录孩子每年的成长的变化,其次对快乐学习和快乐成长两大板块的喜欢程度较接近。家长提出"E档"的操作系统要更简便、方便,路径选项不要太多,同时提出了一些上传资料的建议。

在广泛听取教师、学生、家长的建议后,我们在增加视频上传功能、让学生设置个性头像、设置班主任老师的权限管理、增加条件搜索便于老师随时查看学生资料等方面,逐步对"E档"做了改进完善。为了便于老师、家长和学生熟练操作,课题组还专门编写了操作指南,对于没有电脑的家庭,教师们利用学校的设施设备,采用同伴互助的形式,帮助他们用好"E档"。

三是从"三位一体"到"一网三导"。我校"E档"的基本功能,是集"记录、展示、评价"三大功能为一体,通过学生、教师、家长乃至"网友"的"共营",以文字、图像以及视频等方式,真实记录学生的学习生活及发展动态,展示学生在学习活动各方面所取得的进步和成绩,提供学生交流成功经验和反思失败教训的平台。这种三位一体的功能,主要是为学生提供自我记录、自我展示、自我评价的网络平台。

通过实践探索,我们进一步深化了认识:从学校教育教学的角度看,"E档"的基本功能又可延伸为"一网三导",也就是通过"E档"网站,从"数字导学、数字导行、数字导评"三个维度推进学校信息化建设,让数字技术助推学生全面发展。为此,我校结合本课题,同时开展了《基于"数字导学",小学数学图形与几何领域探究学习方式的研究》(上海市教委教育信息技术应用研究项目)和《基于数字导行,提升学生行为规范品质的实践研究》(上海市学校德育"德尚"系列研究课题),积极开发数字导学和导行视频。我们的导行视频着眼于"情景—明理—自主"导行,引导学生自觉养成良好的行为习惯。

三位一体和"一网三导",都有一个"评"字。"E档"立足关键事件记录成长历程,着眼于强化数字导评的发展性;构建多重交互的自我展示平台,着眼于强化数字导评的多元性;把握三个要点("育"和"评"的统一,"新"和"旧"的结合,"上"和"下"的互动),着眼于强化数字导评的激励性。

3. 家校合作探索学生评价和发展的案例研究

一是"E档"为家校互联提供了便捷的沟通渠道。有的家长说："中北一小利用学校的互联网能力优势，通过学生电子成长档案，在老师、学生和家长间架起无障碍的有效沟通桥梁，它记录了学生的成长点滴，见证了学生文娱学习和心智发展的历程，帮助了家长对自己孩子的全面认识。"还有家长说："E档"是"孩子的父母与学校之间沟通的平台，更是心与心之间的桥梁"、是"我们的朋友"、"家长们情感交流的纽带"、网站是"另一个校园之外的天地。每天上来浏览一番，可以看见一个流动着欢乐、和谐、关爱、合作的动态校园。"

二是"E档"为家校互联提供了校本化的教育平台。一位家长这样说："我儿子以前性格比较腼腆，所以在与同学的交流中一直不是很有自信。但是他从小就非常喜欢看书、看展览、参观博物馆，所以我们带他去过很多地方。有一次，我和儿子心血来潮把去欧洲和台湾的照片传到了网上，小朋友们看到了都非常羡慕，课余时间也会经常主动和他讨论旅行时的所见所闻，于是他在同学里一下子很受欢迎，性格也一点点开朗了起来，人变得越来越有自信。"有的家长这样说"网站不但美观还做到了'贴心、灵活、温馨'"，"不仅给孩子带来了很多快乐，也给了我们家长一个记录分享孩子成长点滴，学习育儿经验的平台。"

三是"E档"为家校互联提供了多元的评价途径。家长在参与学生评价的过程中感受颇多：一位学生家长说："E档在交流方面的优势之一是孩子们获得的成就、生活的点点滴滴能够跟随他们一生。优势之二是有利于提升学生自我评价的水平，孩子们通过观看其他同学的资料和成就，知道自己哪里存在不足，可以客观认识自我，及时评价修正自我。"另一位家长说："E档依托电子平台，多元评价学生。学校非常重视对学生的综合评价,为了每一位学生的发展,以电子网档为平台,记录每一位学生在每个阶段成长的点点滴滴,放大每一位学生的优点和个性,以此不断激发学生的学习热情和学习兴趣,不断增强学生的自信心,不断促进学生的成长。"

4. 在"E档"的构建和运用中促进教师专业成长研究

一是"E档"有助于提升教师信息素养。我校的"E档"网站从设计筹建到实际运行,老师们边研究边学习边实践,同时还得到学生家长的积极支持。"E档"网站为促进家校互联提供了便捷的高速信息通道,"E档"网站的开发有力地提升了教师信息素养。

我们根据"E档"课题研究的发展需要,立足自培,先后多次组织教师学习相关的理论知识和文献资料。网站的搭建过程中,老师们多次探讨框架结构和内容安排,知道了网站的运行方式和操作方法,我们采取"能者为师"的办法,信息技术老师和骨干班主任共同带领,组织老师开展自培、互培,在研究中学习,在学习中提高。在"E档"一遍遍的修改和完善中,老师们的信息技术运用水平得以提升,在网档内容一次次的调整中,老师们的信息素养和先进的育人理念加以提升。我们组织了教育技术、教育科研理论和方法等专题报告,使课题组老师在提高理论水平的过程中,教育思想与教育观念发生极大的转变,保证了课题工作的深入发展,并使许多教师在实践过程中不断创新或有所突破。

二是"E档"有助于教师开展个性化教育。"E档"的"快乐学习"评价包括"学习表现"、"快乐建言"、"我行我秀"三大栏目。我校的小胡同学虽然在"学习表现"一栏中有所欠缺,但在"快乐建言"和"我型我秀"栏目中表现上佳,因此获得了多枚"勤学章",登上了学校"善学习"点击率的 TOP 10 排行榜,从而也促进了他努力改进"学习表现"。"E 档"评价平台不仅使教师们重新审视了自己的育人观,更成为了促进学生全面发展的助推器。

三是"E 档"助推评价机制的探索和创新。我们借助"E 档"信息平台对评价机制进行探索和创新,其根本目的是为了更好地促进学生的个性化发展。

"E 档"的评价主要通过"快乐学习"中的"快乐建言"、"我行我秀"、"星语心愿"三个栏目实现。

在"快乐建言"中,我们基于各学科的课程标准,从知识与技能、方法与过程、情感态度价值观三个维度,对学生的学习态度、学习习惯、学习方法、知识和技能、探究与实践能力、合作、交流与分享能力进行综合评价。根据课程标准中各学科及年段的不同要求,将每个维度的评价指标细化为若干项具体指标。每个阶段由任课教师对学生进行评价。教师根据学生的表现,依据每条指标的内容为学生评星,每条指标最高为 5 颗星。根据每条指标的得星数,自动换算三个维度的得星数,最后换算成学生在该门科目中的综合表现。

在"我行我秀"中,学生可以上传自己的一些学习中的视频、语音、文本作品、荣誉奖状等,展示自己的学业成果。"我行我秀"为学生提供了一个展示交流的平台,学生既能看到自己的成长轨迹,激发学生的学习积极性,树立自信心,同时也能在为别人点赞送星的同时找到自己与他人的差距,为自己确立新的目标,并有效地促使其朝既定的目标努力。

在"星语心愿"中,学生可以及时上传自己的学习感悟和体会,老师、家长、同伴可以及时了解学生当前的学习状态,不断收集学生在发展过程中的信息,指出学生的发展变化及其优势和不足,在此基础上对学生的学习提出具体、合理化的改进建议。加强了师生、生生、家长与孩子之间的联系,使学生能够及时了解自己的进步和不足,从而改进自己的学习。

5.初步建立"E档"的管理机制

为了使"E档"有序运行,形成长效机制,我们从运用中摸索,逐步建立了"E档"的相关管理手册。内容包括《"E档"管理制度》、《"E档"管理岗位职责》、《班主任岗位职责》、《科任教师岗位职责》、《网管岗位职责》、《板块负责人岗位职责》、《"E档"考核要求》、《班主任考核要求》、《科任教师考核要求》、《网管考核要求》、《板块负责人考核要求》等。

总之,在我们看来,E档评价将"育"和"评"相统一,关注了过程性评价,拉近了师生的距离,为教师及时了解学生现状,对学生的学习过程与发展做出及时评价与激励提供了良好的平台。通过"上"和"下"的互动,评价更灵活多样,更具开放性,教师能对学生的发展、学习的过程进行多主体、多方位、多角度的评价,教师能更客观地对待评价,E档评价在促进学生个性化发展的同时,也提升了教师个别化教育的能力,这些因素,都有利于学校创新力的提升,有利于促进学生更好地成长成才,也为学校的内涵发展奠定了更为坚实的基础。

第六章　以品德教育为抓手，
提升学校发展的思想力

　　猛一想，也许中国教育最缺的是德育。因为在有文明古国、礼仪之邦美誉的中国，国民一星期之内可以在飞机上打两次架之类的负面新闻屡见报端，足见国民所受德育的重大缺陷。个中原因之一，当然是我们"缺"某些"德"育——我们在德育虚胖（即占用大量课时强调形形色色有中国特色的教育内容）的同时，基础道德教育却往往被有意无意地边缘化了——一个坊间十分流行的段子对学校德育实际地位的描述可谓一针见血：在实际教育生活中，德育是"说起来重要，做起来次要，忙起来可要可不要！"

——檀传宝（北京师范大学教授，中国教育
学会德育学术委员会理事长）

　　德育教育是学校教育的重要组成部分，也是涉及学生思想品德、个性特征和思维习惯养成的重要途径，可以说，没有细致入微的德育教育，就难有学校发展思想力的提升。从当前的情况看，加强德育的实效性是德育教育领域的一个世界性的问题，世界各国的有识之士都在呼吁加强德育的实效性,并采取了诸多的对策。在我国,党和政府、各级学校都非常重视德育,并取得巨大的成效,但是,我们也应清醒地看到,当前从总体上看,我们德育的实效性还不是很强,真正落实到学生内心世界的德育教育精髓还不够多。由此,对于任何一所有责任心的基础教育学校而言,都应该将提升德育教育的有效性作为学校教育教学改革的重要内容。

我们中山北路第一小学向来非常重视德育教育的改革与创新,特别是近年来,在办学目标和培养目标的引领下,我们围绕"德育组织网络化、德育管理制度化、德育队伍全员化、德育评价科学化、德育活动课程化"的建设目标,将"关爱教育"的主题贯穿于学校的德育管理、课题研究、课程开发和实施、社会实践等诸方面。学校成立了德育管理部,以师爱系列活动为载体,进一步确立了"全员、全程、全方位"的育人思想,制定了《沐浴爱的阳光　促进和谐发展》五年行动计划,围绕《"爱在心中"德育校本课程开发与利用》这一课题,教师团队建立了9个子课题群的研究,实践中,我们整合教育资源,深入研究实施关爱教育的有效内容、途径和方法,使之形成行之有效的操作模式,促进学生健康、快乐、和谐地发展,比较明显地提升了学校德育教育的有效性,逐渐形成了富有学校特色的德育教育体系。

第一节　我们的思考:提升德育有效性的思路

我们认为,当今时代的德育教育,不再是一种孤立的教育形式,而是与学校其他类型的教育融合在一起,"大德育"的概念越来越被接受和认可。这也就意味着，应该从学校整体改革与发展的角度认真设计提升德育教育有效性的思路。同时，在我们看来，德育教育是一种将心比心、以情唤情的工作，德育教育的复杂性要求我们必须以先进的德育教育理论引领学校的德育教育改革，特别是要从理论上理清德育的定位、目标、内容体系、方法等相关领域的问题。

一、关于德育的定位问题

关于德育的定位问题，涉及的内容很多，就学校教育而言，我认为可以从德育与智育的关系，特别是二者的区别这一角度对德育进行定位。能否对德育进行准确定位，是德育工作是否有实效的关键，它既是一个理论问题，也是一个实践问题。

（一）德育要解决"信不信"的问题

德育是教学生如何做人的，因此它不同于一般的教学任务。现在不少人把德育变成智育，用智育办法来进行德育，这就不可能有较强的实效性。因为智育要解决的是知不知的问题，而德育要解决的是信不信的问题。智育主要告诉学生道理，让学生由不知到知，而德育更重要的是这个道理你信不信。因此不能简单地讲知识，而要把道理内化为学生的信念。人应该诚实，这个道理学生都知道，但怎样把它变成学生的价值观，这是德育要解决的主要问题。现在有些德育课上成了知识课，光讲道理，甚至课上又解词，又分析含义，上成了语文课，这是不对的。我们要想方设法让学生在内化上、信念上、价值观上解决问题，也就是要在"信"上下功夫。

（二）德育要解决"行不行"的问题

智育要解决学生会不会、能不能的问题，而德育要解决行不行的问题。现在有些教师在德育教育的过程中讲得多，练得少，说得多，行得少，因此造成学生知行脱节，讲起道理来可以头头是道，可落实到行动上实效性就比较低了。这样的德育不是真正的德育。德育必须解决行不行的问题，一定要使学生做到言行一致、表里如一。

二、关于德育的目标问题

在计划经济体制下，教育是高度统一的，在德育目标上只有一个目标，那就是培养共产主义接班人。而在社会主义市场经济的背景下，多种经济并存，多种价值观念并存，把学生都培养成共产主义接班人只是一种美好的愿望。实事求是地讲，对多数人来说，应该首先把他们培养成合格的社会公民，这是德育教育的基本目标。而德育教育的其他目标，则要因人而异地设计和考量。因此，就德育的目标而言，最为重要的是，把单一的目标变为多层次的目标，只有如此，才能更加符合中国经济社会发展的现实状态，也更加符合现代教育的价值与意蕴。

三、关于德育的内容问题

德育内容是德育工作的核心。中小学德育是为人的一生打基础的，这个基础就是教学生"学会做人"。要提高德育的实效性，德育内容必须强调以下几个方面。

（一）内容要具体,强调一个"小"字

我们的教育对象是中小学生,因此必须从中小学生的年龄特点出发,从小事做起,以小见大。德育缺乏实效性的一个重要原因是"假、大、空",抽象的口号式的教育过多。为了提高德育的实效性,中小学德育必须突出"小"字,从教学生坐立、行走开始,让学生做一个有教养的文明人。目前基础教育领域所实施的德育教育内容还有"成人化"倾向,一些学校对学生的要求过高,过于抽象,脱离了学生的年龄特点。我们对学生提出的要求要尽量小一点,要尽量使他们能看得见、摸得着,具体、形象、直观;要求要明确而不含糊,具体而不抽象。这样才便于学生理解、掌握和执行。有些教育内容比较抽象,可以把它具体化,把它分解成具体的细目。

（二）内容要贴近实际,讲究一个"近"字

德育缺乏实效性的一个重要原因是脱离学生实际和社会实际。学生对脱离实际的内容不感兴趣,致使德育成为"无效劳动""低效劳动"甚至"负效劳动"。为了解决这个问题,我们要特别强调"近"字,力图使教育内容贴近学生,贴近时代。这种贴近,首先要使得德育教育的内容与时代的发展同步,要将社会发展过程中不断出现的新形势和新问题纳入德育教育的内容体系,让德育教育体现出与时俱进的特征,避免德育教育内容的陈旧而引起的教育对象的反感和抵触;其次,更为重要的是,德育教育的内容一定要切合学生的年龄实际,符合中小学的心理特点。德育实效性差的一个重要原因就是脱离学生年龄的实际,凭主观想象设计内容。例如,有的学校给初中学生讲民主与法律,让学生背刑法条文,背离婚的条件,背财产法,枯燥极了。假如同样的内容我们编上十几个法律故事,每个故事中渗透法律常识,学生一定爱学。如果再让学生参观监狱,与公安人员、律师、法官座谈,学生定会欢迎。实践证明,凡是符合学生年龄特点的教育,学生就欢迎,教育就有成效。

（三）内容要注意知行统一,讲究一个"实"字

德育缺乏实效性的另一个重要原因就是虚而不实。道理讲得多,行为指导少,存在严重的知行脱节现象。假如我们的教育不能对学生的行为发生影响,这样的教育还有什么意义呢? 光说不练的教育不是真正的教育,起码不是完善的教育。实际上,德育对中、小学特别是小学生更多的是养成教育。养成教育虽不是教育的全部,但却是教育中最"实"的部分,是看得见、摸得着的,它是教育的"质"的指标。狠抓"养成教育",才能使学生成为言行一致、表里如一的人。当然我们所说的"实"字不只是行为上的变化,它也包括认知、情感、意志、理想、信念等方面的变化,总之是让良好的道德融入学生内心,成为学生良好的品德。

（四）内容要讲究层次,强调一个"序"字

德育实效性差的又一个重要原因是一刀切,不分层次,不讲"序"。不讲序必然造成德育内容的混乱,降低德育实效。人的成长是有序的,这个"序"是客观存在的。我们必须研究这个"序",揭示出这个"序",并按这个"序"来安排内容。为了使良好的道德深入学生的内心,就要改变无序的状态,按照科学的序进行教育。德育是一个由浅入深、由近及远、循序渐进的过程。违背这个序,就会妨碍学生成长,所以在教育中我们必须根据学生的年龄特点由易到难安排内容。进行什么教育,使用哪些方法,都要事先计划好。教育内容、教育时间、教育空间都要科学地进行序列安排,使

之横向一体化,纵向序列化。

（五）内容要生动、活泼,讲究一个"趣"字

德育实效性差的另一个重要原因是教育内容呆板、枯燥。有的学生说德育教育的过程如同嚼蜡。为了解决这个问题,我们在教学内容上要强调"趣"字,让教材有可读性,能吸引学生。要做到图文并茂,生动活泼,通俗易懂。每课都有精美的插图,文字精炼,配上名人名言,增强艺术性、趣味性。例如,在进行艰苦朴素教育时,教材上可以画两幅图,一幅图是穿着各种名牌服装的中学生,一个个漂亮、潇洒,个个都如服装模特;另一幅图是穿着普通服装的名人,有周总理、居里夫人、雷锋等。这样的教材学生看了,立刻会明白,我们要追名人而不追名牌。这样的课文比简单说教效果会好得多。

四、关于德育的方法问题

德育实效性差很重要的一个原因是我们的教育方法太简单,或是硬性灌输,或是简单训斥甚至讽刺挖苦,造成学生的逆反心理。有些教师一味说教,他们以为说多了学生就记住了。前面讲过,其实质是没有分清德育与智育的区别。在方法上,德育与智育不同。德育方法更多的是靠渗透,而不是像智育似的只要讲清概念、观点就行了。它需要尽量隐蔽一些,迂回一些,避免造成学生的逆反心理。德育方法与智育不同,不能靠教具或靠现代化教学设备,它更多的是要靠人格的力量,靠教师的道德影响力,以德育德。我们认为,德育教育的方法是多元的,但是在推动德育教育方法变革的过程中,一些基本的点必须要把握,主要包括如下内容。

（一）注意"言教＋身教＋境教"

搞好德育关键是教师。教师本人必须有较高的道德素养。身教胜于言教,教师必须注意自己的一言一行,明确言行举止可能带来的教育效应,不断提升自身的文明修养和道德水平,以身立教。言教、身教、境教(教育环境)有机地结合才是最好的教育。

（二）鼓励学生主动参与

德育解决的是信与不信、行与不行的矛盾,这两个矛盾除了必要的灌输外,很重要的是让学生参与,通过"说一说""论一论""看一看""演一演"等形式,把讲授与活动有机地结合起来,把主导与主体有机地结合起来;在作业中不但布置学校的活动,还有家庭和社会中的活动,以使学校教育、家庭教育与社会教育有机地结合起来。这样就有好的教育效果。

（三）指导"自我教育"

任何教育最终必须变成学生自己的认识、自己的情感、自己的意志、自己的行动。教育过程是个内化和外化的过程,先由外而内,再由内而外。这里内因的作用是很大的。学生品德的形成,是学生思想内部矛盾斗争的结果。任何有效的教育过程,都应该是在学生自觉地、积极地参加中进行的。我们要想方设法调动学生的积极性、主动性,启发学生进行自我教育的愿望,然后给予指导。我们不是一概反对"灌输",但灌输必须能引起学生自己的思考、对比、反思,让学生自我认识、自我体验、自我评价、自我约束,内化为学生自己的认识。值得一提的是,教师要教给学生自我教育的具体方法,如格言激励、语言文字提示、自立守则、良心监督、自我检查,以及仿效榜样等。现在不少教师是靠管、卡、压、盯、骂、训对学生进行教育,而不是启发自觉。如果我们重视了指导自我教育,把自我教育的钥匙交给学生,问题就可以迎刃而解。教师能指导学生自我评价、自我体验、自我约束、自我锻炼,学生就能更快地成熟起来。

（四）讲究教育艺术

教育中存在的"低效劳动""无效劳动"很重要的一个原因就是教师没有掌握教育艺术,用简单的方法甚至是生硬的、粗暴的方法解决复杂的、敏感的问题。有了教育艺术,问题一点就破,一句话就解决问题,犹如画龙点睛。教育艺术不是生硬说教,而是结合日常生活,很自然地让学生接受教育,它淡化教育痕迹,其最高境界是达到"不教而教",表面看来好像不是教育,而实际上却是深刻的教育,因为教师将教育内容渗透在游戏、谈天、生活之中,是在一种和谐、自然的气氛中让学生自然地、不知不觉地接受教育①。

第二节　我们的研究:德育校本课程的开发与应用

学校之中对德育教育的设计,既需要科学性,又需要艺术性。在现实的德育教育实践中,我们根据上述德育教育的理性认知,围绕"爱在心中"这一主题,以德育校本课程体系的开发与建设为抓

---

① 关鸿羽.中小学德育教育实效性研究[J].中国教育学刊,2000,(6).

手,以德育课题研究引领德育教育实践,构筑起了较为完善的德育教育校本课程体系,也逐渐明确了学校德育教育的实施方式与实施重点。

一、德育校本课程开发与应用的背景与价值

现在的孩子大都是独生子女,在家中备受大人的关爱和呵护,孩子唯我独尊,以自我为中心的现象相当普遍。让爱入人心、入家庭、入社会,以爱凝聚人心,培养学生的关爱情感,是促使学生个性全面发展的重要内容。教育和引导学生学会关爱,是当今学校教育中的一个重大课题,无论是从社会发展对人才的需求,还是从学生自身成长、成才的需要来看,关爱教育都具有重要意义。

关爱教育要求每一位教师"尊爱自我、关爱学生、敬业奉献",发挥"榜样、引领"作用,身体力行,把师生关系看作是一种"教学相长"的合作关系,充满爱心地说好每一句话,做好每一件事,教好每一个学生。通过创设"实践、体验、感悟"的平台,让学生在"尊重平等、互助关爱、协作共生"为特征的团队氛围中,经历"关爱自我、关爱他人、关爱自然、关爱社会"的情感体验,积累生活经验,从而内化为爱的行为,逐步完善人格构建。

同时,"爱"还是一种教育的机智。激情四溢、谆谆教诲、宽严有度、智慧启迪……从这个意义上来说,它要求教育者具备高超的教育能力,所以学校"爱的教育"是以爱的能力为核心的,是以教师的课程能力为核心的。学校课程建设一旦注入"爱的教育",将极大地满足学生、教师的个性需求,充分调动师生的内需力。我国新一轮基础教育课程改革中明确指出,课程资源的开发与利用是实施新课程不可缺少的基本要素,直接关系到新课程实施的成效。

课题将"爱的教育"课程化，贯穿于学校的德育管理、课题研究、课程开发、课程利用四个方面，并把德育、教科研寓于教学中，实现德育、科研、教学三位一体化，即教学化。这样就构成了以关爱教育为中心，以课程开发、利用和实施为主线的《"爱在心中"德育校本课程开发与利用的研究》的学校德育工作方式，希望通过研究来探讨实施关爱教育的有效内容、途径、渠道和方法，使之形成行之有效的操作模式，促进学生健康快乐而和谐地发展。

课题的研究价值在于：校本课程的开发、运用是对基础教育课程理念、策略的一次革命。首先，它解放学校办学的主体性，使教师和学生成为课程改革的主体，而不是被动的执行者、实施者，有利于创造和形成本校文化特色。其次，它适应学生的个性差异，促进学生的个性发展和价格完善。再次，充分开发教育者的内在价值，使教师的创新能力和实践能力，收集和处理信息的能力，获取新知识、分析和解决问题的能力得以充分提升，教育资源得以充分利用。最后，它能促进教育的发展性评价得以有效实施。

二、德育校本课程开发与应用的过程与启示

（一）注重课题论证工作，把握研究的方向

中北一小几年来坚持德育校本化实施的思路，初步摸索实践，逐步形成了《"爱在心中"德育校本课程开发与运用的研究》的课题，并获得上海市教育学会的立项。在反复研究和实践的基础上，我们明晰了课题研究的思路和方向，确定了"民族文化教育""节文化实践活动"和"生命教育"三大研究领域，达到培养学生关爱自我、关爱他人、关爱自然、关爱社会的情怀的目标，完成德育校本课

程的构建。民族文化教育的研究：帮助学生认知民族文化，认同民族文化，包括历史、文学、艺术、风俗，在学校教育中加强民族文化建设，营造民族特色教育氛围，使民族文化以校本课程开展思想品德教育。生命教育的研究：让学生懂得，生命是美丽，生命是善良，生命是关爱，生命是责任，生命是宽容，生命是和谐。要学会感恩和相处。节文化教育的研究：把传统节文化蕴含着传统习俗、礼仪、道德、文化、精神，纳入学生德育课程体系，探索适合对学生开展节日实践活动的校本课程的新路。三大研究领域由学校相关的管理负责人及所带领的研究小组落实研究任务。并进行了有目标、有组织、有策略、有步骤的行动研究。

为了使课题研究更科学，把握研究的方向，课题组注重课题的论证。于 2011 年 6 月举办了开题论证会，2012 年 5 月进行了中期论证，教育局、教育学院相关领导，区德育室、科研室的专家都莅临指导，得到了充分的肯定，也给予了具体的指导。首先认为课题与学校育人目标相结合，凸显以学生发展为主的理念，并形成德育课程体系，统领全校德育工作，树立了德育工作的新标杆；其次，已经形成了学校独有的德育经验，是德育建设创新的范例，有推广的价值；另外，课题的研究针对了目前学生"爱无力"的现状，贴近学生需求，重点解决了德育知行脱节的普遍现象，加强了情感体验和强化训练，留给学生终身受益的经历，对学生发展起到了重要的作用。

（二）架构德育校本课程，展现课程的活力

民族文化教育、生命教育、节文化实践活动是构成课题的三条主线，也是三个子课题。三个子课题既围绕四个关爱的共同主题，又具有各自独特的研究方法、研究任务，以及实施策略。三者有机结合，构成整体的学校德育校本课程的框架。

1. 全面落实课程建设,逐步完善课程体系,开发积累校本教材

本课题是研究与推广相结合、科研与教研相结合、理论与实践相结合的综合体。研究过程中,课题组 28 名教师围绕"关爱教育"的总体目标,从"关爱自我"、"关爱他人"、"关爱自然"、"关爱社会"四个内容入手,整合和优化了民族精神教育、生命课程教育、节文化活动,在实施校本教材的过程中不断修改、不断完善,使课程得到进一步的开发。

民族文化教育确立了以社团活动为主渠道的实施模式,并根据学校培养目标,以及学生年龄特点、师资队伍特点等,逐步开发完善了民族文化社团活动的整体框架。其中包括七大系列二十多个科目。民族文学:唐诗、读经;民族艺术:京剧脸谱、扇文化、民乐演奏、民乐合唱、茶艺、民族舞、书法;民族工艺:剪纸、刺绣、陶艺、十字绣、篆刻、捏彩泥、中国结;民族体育:木兰拳、中国象棋、腰鼓、武术;乡土文化:民间游戏、民风民俗、学说沪语;民族英雄:中华传统美德、《邓爷爷我爱您》。

生命教育围绕"认识生命、热爱生命、生存技能"三大方面,制定了一至五年级的具体实施主题和内容(参见下表)。

年级	主题	内 容		
		认识生命	热爱生命	生存技能
一年级	探究生命之花——了解生命,走近自然	初步认识自然界的生命现象,喜爱充满生机的世界;初步了解自己的身体,有性别意识。 课题:身体里的乐队 课题:感知世界	喜欢自己,乐于与同学交往。 课题:欣赏生命 课题:敬畏生命	初步掌握交通安全、防溺水的基本技能。 课题:警惕会伤人的电器 课题:巧对陌生人

（续表）

年级	主题	内　　容		
		认识生命	热爱生命	生存技能
二年级	播种生命之花——寻找生命，学习榜样	亲近大自然，爱护人类赖以生存的自然环境。 课题：让地球妈妈笑起来 课题：别把花草弄疼了	了解友谊的意义；懂得同情关心，力所能及地帮助弱者；学习与他人合作。 课题：我又交了新朋友 课题：丛林探宝	了解家庭用气用电安全、饮食安全等自我保护知识。 课题：上学路上保安全 课题：小心火灾
三年级	浇灌生命之花——关爱生命，互帮互助	了解身体的生长情形，具有积极乐观的心态。进一步理解性别认同。 课题：我们的生命周期 课题：我们在生长	懂得关心家人、尊敬老人。 课题：关爱老人 课题：关心体贴父母	学习网络技能，合理使用网络。 课题：电脑小报的制作 课题：保存网页
四年级	呵护生命之花——珍惜生命，懂得自爱	初步认识和体验人的生命是可贵的，能珍惜生命。 课题：我成长，我快乐 课题：成长的脚印	养成良好的生活习惯和学习习惯，树立时间观念。 课题：自己的事情自己做 课题：我学习，我快乐	学习必要的自我保护技能，学会识别可疑的陌生人。 课题：告诉自己我能行 课题：我的本领大
五年级	绽放生命之花——超越生命，无私奉献	学会劳逸结合。 课题：控制情绪　戒骄戒躁 课题：学会战胜学习中的挫折	远离烟酒和毒品。 课题：毒品的危害 课题：吸烟有害健康	初步掌握突发灾害时的自救能力。 课题：地震如何逃生 课题：火灾的自救与防护

　　节文化实践活动分别从重大节日、传统节日、纪念节日三方面加以落实（参见下表）。

教育主题	节日活动	活 动 内 容	活动形式
关爱自我	儿童节	学期表彰、节目汇报、游戏展示	大队集会
	元旦	游戏展示、师生互动游戏竞技	趣味运动会
	十岁生日	十岁生日成长礼	三年级集体庆生
关爱他人	学雷锋	宣传环保知识；社区清扫	假日小队活动
	母亲节	和母亲合个影、为母亲做件事	在家中实践体验
	教师节	诗歌创编	全校诵读比赛
	重阳节	慰问、看望老人	敬老院实践活动
关爱自然	植树节	观察并实践青菜成长过程	种植体验，集中展示
	中秋节	了解中秋节来历和民风习俗	班会课
关爱社会	清明节	祭扫烈士陵园；参观陵园博物馆	四年级集体扫墓
	元宵节	彩灯布置、灯谜制作、猜谜活动	全校猜灯谜
	国庆节	爱我中华主题班队会	主题班会展示

经过两年的开发和运用，课程体系趋于完善。课程的开发，提高了德育的实效，达到了师生共同成长的目的。

2. 加强课题规范管理，发挥科研骨干作用，不断提高研究实效

在校长的带领和指导下，本课题的研究由三位分管负责人按民族文化教育、生命课程教育、节文化实践活动三个方面组织实施，25 位班主任和社团教师全面负责课程的开发和运用。先期的做法是，我们在期初召开课题工作会议，向全体参与课题研究的教师布置本学期的研究内容，以及需要教师完成的任务。期中，课题负责人分别召开分管项目的研究工作会议，把握课程开发和利用中的进程，总结经验，分析问题，及时协调改进。期末，教师撰写研究心得或研究论文，挑选优秀论文召开交流会，及时推广教师们的经验。在推进过程中，我们定期召开课题组会议，学习相关的理论、经验资料，提高认识，打开思路。在研讨

中,教师们敞开心扉,各抒己见,时而会有思维的碰撞,碰撞必然产生火花,那就是智慧。明确的分工负责、有序的研究推进、规范的题研管理、有效的学习和研讨活动,实实在在地推进本课题的研究进程。

为了使课题研究更深入,在实践中生成研究智慧,从而提高研究的实效,我们成立了课题研究核心小组,充分发挥科研骨干教师的引领作用,围绕"民族文化教育、生命教育、节文化实践活动"三方面的内容,制定了个人子课题申报的科研制度。围绕本课题采取个人申报,填写申报表,科研室审核,学校立项的方式,最终精选了本课题下属的《多途径、多形式开展节文化活动》、《珍惜生命,懂得自爱,学会自信》、《在"缕缕茶香"中培养学生爱国情怀》等十多项子课题。围绕子课题方案制订实施计划,理论与实践结合,探索课程实施的有效策略和途径。在深入实践研究中,逐步形成了一些精品课程:社团类有陶艺、篆刻、腰鼓、乡土教育、武术、茶艺等。节文化类有清明扫墓、元宵节、元旦迎新运动会等。生命教育类有入团教育、入队教育、十岁生日、心灵洗礼、毕业典礼等。

3. 不断拓展课程科目,拓新课程内容形式,课程实施更具活力

民族文化社团活动的开展是本课题研究和课程开发利用的一个重要方面。如何将璀璨的民族文化神韵与丰富学生的课余生活文化紧密结合。美国教育家杜威曾认为:传统课程最明显的弊病就是与儿童的个人生活与经验相分离,若要建立儿童在学习知识上的兴趣,必须消除他们的实际生活与课程之间的脱节。而乡土教育易与学生实际生活经验相配合。开展乡土文化教育,重要性在于引导学生认识乡土环境,传递家乡文化;欣赏乡土风情,激发爱乡情怀。它是一种包含趣味性、知识性、情感

性、实用性的教育活动,除了培养学生的乡土意识与乡土爱之外,同时也进行了人格教育、生活教育、民族精神教育和多元文化教育。为此,我们将乡土文化课程的开发和实施纳入到学校爱的教育课程体系中。

在开发乡土文化的过程中,由弄堂童谣和弄堂游戏引发教师的兴趣。课题组研究后,制定了《游戏课程》的实施方案,一项深受学生喜爱的课程诞生了。这样,原有课程体系中的"乡土文化"分出了"民风民俗"、"民间游戏"两个科目。教师们撰写了本班级的科目设计。与其他社团每周固定课时开展活动不同,"游戏"课程实施的时间是灵活的。探究课、社会实践、体育活动课、兴趣活动课、班队活动课、午间休息、课间休息、课中调整等,让每一个学生都得到"快乐一刻"。

教师们认真进行科目设计,都能挖掘游戏中的德育因素,有计划地落实。游戏拓展课上,教师全身心投入学生的游戏中,指导玩耍的方法和技巧,还即时地指导学生遵守规则,包容伙伴无意的碰撞,宽容合作伙伴的失败,鼓励一些胆小的学生积极参与游戏等等。在游戏的同时,教师还适时地展开讨论,明辨是非,有效地落实了"游戏"中的德育因素。

丰富多彩的主题活动是"游戏"课程实施的另一条途径,开展全校性的游戏主题活动,对课程的落实起到了推波助澜的作用,强化了的德育效果。比如"游戏争达人,快乐你我他"引入了最时尚的元素"达人",激发了学生的积极性。"快乐迎六一"集会中我们要求各年级将游戏编排成表演秀进行展示,学生们秀出了游戏的美丽和魅力,秀出了学生的健康和活力。

赋予原课程以新内涵是我校提升课程质量的又一抓手。学校原有腰鼓社团,后因教师工作调动而停滞。然而,腰鼓情结依然在。我们积极寻找外援,带教培养教师。教师全身心投入,很快掌握了技术,由此,腰鼓组顺利开展活动了,吸引了不少学生报名参加。学校以腰鼓同武术、木兰拳一起,作为体育的独特形式来演绎,既丰富了阳光体育运动的内涵,又让学生感受到浓郁的民族神韵。在不断地摸索学习中,孩子们不但掌握了腰鼓的一些基本动作和步法,而且逐渐打出了腰鼓艺术的"精气神"。催人奋进的节奏激励斗志,热情奔放的舞姿张扬个性,校园里鼓声隆、活力射、激情扬、灵气生,充满了勃勃生机。

4. 搭建自主实践平台,拓宽文化浸润渠道,激发学生爱的情怀

提高学生爱的认识,激发学生爱的情感,内化学生爱的价值体验是我校开发关爱系列课程的出发点和落脚点。开展丰富的节文化实践活动,通过搭建自主实践平台,让学生在节文化实践活动中体验爱的魅力是我校课程实施的重点。

节日、纪念日在人们的心目中拥有特殊情感和地位,特别是传统节日。节日、纪念日的形式特征也满足了教育形式生动化的要求;每一个节日、纪念日都包含着爱国主义,传统美德,环保,珍惜生命等丰富的内涵。我们利用特定的节日,挖掘其"爱"的内涵,并赋予时代教育主题,组织实践活动。寓教于乐活动,享受无穷乐趣。在实践活动中产生内心体验,萌发出关爱自我、关爱他人、关爱自然、关爱社会的真挚情怀。

在设计开发德育校本课程的过程中,我们对节文化实践活动形式进行全新探索。我们的体会是全员参与,注重过程。在"六一"庆祝活动的策划中,为了保证全员参与,我们将五月份的少先队的活动与"六一"庆祝活动联系在一起。比如,我们五月份开展"游戏争达人,快乐你我他"活动,各班级从练习游戏备赛、各班级海选、年级海选。校园人人乐翻天。"六一庆祝"集会上对达人赛

进行表彰,并请"游戏达人"展示。集会中,我们要求每个学生做好头饰,各班级没有表演任务的学生,教师必须设计各有特色的助威表演,融入到整个集会过程中。"六一"这个学生最爱的节日,不再是个别学生参与,而是每个学生参与其中。整个校园是个欢乐的海洋。

又如在清明节组织四年级学生到烈士陵园扫墓,进行心灵洗礼。活动前,老师们对学生进行"清明节""扫墓"等传统行为的讲解,使学生明确节日与活动的关系及意义。另外,教师指导学生动手做小黄花,在折折叠叠中,使学生沉浸在一种庄重的情感中。期间,各班级分工为扫墓仪式作准备:赞颂烈士的朗诵、少先队的誓言、烈士故事演讲……,营造"清明节"特殊的氛围。来到烈士陵园,庄严肃穆的瞻仰仪式将活动推向高潮。有过程才有体验,重过程才能深入。

(三) 建构学生成长档案,提高评价的效力

上海市教委宣布了试行以关注学生健康成长为核心,以全面发展为主旨的《中小学学业质量绿色指标》,这是教育体制改革的重中之重,最关键、最核心的部分即对教育评价的研究。如何立足教育转型发展,建立一套具有小学特点的激励性、过程性、发展性评价体系,从而促进每个学生富有个性地、健康、快乐地成长?在研究过程中,我们整体设计构建了学生成长电子档案。学生成长档案共有六大板块:快乐成长、快乐学习、快乐活动、快乐心声、收获快乐、快乐动态。通过构建学生成长电子档案,实现了三大功能,即记录功能、展示功能、评价功能。学生成长档案的建立,提供了一个师生、生生、家长与学生互动、交流、评价的平台,帮助学生在沟通中体验快乐,在展示中见证成长。其最终目的即:为了促进

每一个学生发展。

在设计构建学生成长电子档案时，我们注重把握三个要点：通过"育"和"评"的统一，体现评价的发展性；通过"新"和"旧"的结合，体现评价的过程性；通过"上"和"下"的互动，体现评价的多元和激励性。其中"快乐活动"板块框架和德育校本课程框架相统一，每个学生都将自己参与的社团活动、实践活动等照片、感想发布到网上，展示自己的风采，为自己的成长喝彩。同时，每个同学和教师可以对上传的照片或感言，以"点亮五星"的方式进行评价。星星累积到一定数量，自动升级，获得"乐活章"。每个学生的内心都渴望着被认可，对于这样一个面向全体学生的平台，他们热情高涨，踊跃上传自己的信息。特别是学业成绩并不理想的学生，找到了重拾信心的途径，有了展示自我风采的机会。他们不再自卑，更加积极地投入到学校各项活动之中，由此提高了德育校本课程实施的实效，达到"育人"的目的。

（四）明确目标要求，制定各年级德育课程目标

关爱自我	爱学习	低年级	上课专心听讲，动脑思考，大胆发言，认真完成作业。
		中年级	培养积极好问的学习态度，掌握基本的学习方法。
		高年级	细观察，多思考，勤动手，培养广泛的兴趣爱好，养成守时的习惯。
	爱锻炼	低年级	认真做好广播操。
		中年级	积极参加各项体育活动。
		高年级	积极参加校运动队的训练，不怕苦，不怕累。
	爱生活	低年级	知道我们幸福的生活来之不易，我们要珍惜它。
		中年级	积极参加各项文娱活动。
		高年级	学会发现生活的美，努力创造生活的美。

（续表）

关爱他人	爱伙伴	低年级	懂得同学之间要团结友爱,要谦让,不任性。
		中年级	同学有缺点,诚恳帮助,同学有成绩,真心祝贺。
		高年级	体验与同学共进步是我的快乐。
	爱师长	低年级	待人热情,有礼貌,讲文明,会用日常礼貌用语。
		中年级	听从师长的教导,能帮家长做简单的家务活。
		高年级	感悟师长工作的艰辛,主动帮助师长做力所能及的事。
	爱弱者	低年级	别人有困难,能热心帮助。
		中年级	能主动帮助身边有困难的人群。
		高年级	主动帮助幼儿、孤老、残疾人等弱者。
关爱自然	爱护动物	低年级	知道动物是人类的好朋友,我们要爱护小动物。
		中年级	开展保护有益动物和珍禽鸟兽的宣传。
		高年级	积极参加"爱鸟周"实践活动。
	爱护绿化	低年级	知道爱护绿化,人人有责。
		中年级	爱护花草树木,开展护绿活动。
		高年级	开展"人人种一盆花,花儿朵朵向阳开"的活动。
	保护环境	低年级	不随地吐痰,不乱扔垃圾,节约水电。
		中年级	不乱扔废电池,了解并自觉做到垃圾分类。
		高年级	不在建筑物上乱涂、乱贴,开展保护环境的宣传活动。
关爱社会	爱班级	低年级	知道自己是班级的一员,主动为班级做事。
		中年级	懂得个人利益要服从集体利益。
		高年级	积极参加班级活动,努力为班级争荣誉。
	爱学校	低年级	知道自己是学校的一员,要为学校争荣誉。
		中年级	爱护学校的公共财物。
		高年级	积极参加学校的各项活动,争取和维护学校荣誉。

（续表）

		低年级	知道作为社区的一员,要为社区添光彩。
关爱社会	爱社区	中年级	爱护社区的公共设施。
		高年级	积极参加社区的各项活动,为创造学习型社区出力。
	爱中华	低年级	知道自己是中国人,争做合格小公民。
		中年级	知道我国民族英雄和伟人,培养民族自尊心、自信心和自豪感。
		高年级	经常读报收听、收看新闻,关心国家大事,立志长大建设祖国。

第三节　我们的实践:提升德育有效性的策略

　　我们认为,德育教育的复杂性意味着德育教育方式的多元性,我们在开展德育教育的过程中,除了从课程建设的角度提升德育教育的课程化建设之外,还注重通过一系列活动提升德育教育的有效性。本节之中,笔者将以我们学校举办的比较成功的《邓爷爷,我爱您》系列活动为例,展示我们的德育教育策略。

　　我们认为,向伟人学习,吸取他们宝贵的思想和精神,历来是学校思想道德建设的一项重要内容和有效途径。邓小平同志为民族独立、人民解放和国家富强、人民幸福建立了不朽功勋。"我是中国人民的儿子,我深情地爱着我的祖国和人民。"他的言行举止、他的丰功伟绩,证实了他是民族精神的典范。因此,我校以《邓爷爷,我爱您》伟人教育实践活动为契机,紧紧围绕"塑理想信念之魂,立民族精神之根"的教育目标,从学生的年龄特征和发展要求出发,整合学校的德育资源,以"爱在心中,健康成长"为切入口,采用"熏陶—探究—体验"的教育方法,让学生在实践、探究、体验中提高道德认识、激发道德情感、培养道德行为,从而帮助学生逐步树立和形成科学的世界观、人生观、价值观。我校的具体做法如下。

一、创设氛围,发挥环境育人作用

著名的教育家苏霍姆林斯基曾指出:"用环境、用学生自己创造的周围情景,用丰富集体精神生活的一切东西进行教育,这是教育过程中最微妙的领域之一。"为了让学生了解民族文化,感受民族文化的博大精深,学校专门开辟了民族文化长廊。以中国地图为造型的大型板雕,再现了中国古代文化的精髓;长卷画式的写真摄影,真实地记录了学校开展民主艺术教育活动的场景;一幅幅山水画、一张张牡丹图、一排排书法字画蕴含着师生们对民族艺术的神往之情。

走进陶艺室——"泥土和火牢固结合的艺术"、"请用您的双手和智慧,赋予泥土生命和永恒"的宣传标语映入眼帘;陈列架上展示着同学们制作的最新作品;黑板报上粘贴着同学们从网上下载的、自己绘制撰写的图片和心得体会;课桌椅上,制陶工具随时迎候着我们的"小小陶艺家"。一位同学在制陶体会中写道:原来看似脏兮兮的泥巴,经过大家的捏制竟然变得那样千姿百态、那样富有生气……在制陶的过程中,我懂得了做任何事都要有始有终,而且只要努力和用心去做,肯定会有很大的收获。

课间、午间一曲曲悠扬的民族音乐使师生们陶醉其中,楼梯口、走廊里一只只同学们精心编制的手工作品使师生们驻足忘返……

二、加强整合,提高教育活动针对性

单一的教材、形式、手段难以满足学生的需求,势必影响教育活动的效果。因此,只有加强优质德育资源的整合,才能提高教育活动的针对性。

(一) 围绕中心,加强教材整合

中国传统艺术是中华民族在几千年的发展历史中逐渐凝集起来的民族精神的重要组成部分,漫漫长河积淀民族艺术的宝贵珍品,如何将民族艺术的精髓结合学生实际,让学生在耳濡目染中、在动手、动脑实践中提高认识、激发情感从而内化为强烈的民族自豪感。我校结合《邓爷爷,我爱您》实践活动,架构和开发了"民族文化、民族艺术、民间工艺、民间体育、民族英雄"五大体系的校本课程结构。教师们上书店、查网络、进图书馆从各种途径寻觅我国民族艺术的精髓,面对厚厚的资料、信息,教师们结合实际梳理了唐诗宋词、民乐欣赏、民族舞蹈、中国象棋、戏剧、腰鼓、武术、剪纸、陶艺、泥塑、彩泥、白描、茶艺等二十几门民族精髓校本课程。

(二) 抓住主线,加强学科整合

我们以民族文化活动课程的实施为主线,结合各门学科,拓展德育活动的途径。例如,我校唐缨老师在执教《走向世界》民族文化校本课程时,通过活动创设,自主探究,让学生了解世界各国货币的名称、货币之间的兑换,以及如何利用人民币在国外进行购物等。在活动中,学生逐步领悟到没有邓爷爷改革开放的英明决策,就没有人民生活水平的极大改善,就更谈不上加入世茂组织。朱培红老师在组织学生开展《民族英雄大家讲》的活动时,充分利用民族精神代代传活动读本《大写的中国人》,让学生从书中了解了民族英雄的感人故事:古时有《大禹治水》,近代有《林则徐虎门销烟扬国威》,现代有《邓小平春天的故事》,并在校会课上组织学生演讲。

(三) 依托网络,加强信息资源的整合

在学习活动中,我校充分依托网络信息资源的优势,为学生提供更多的学习、活动资料。配合本次活动主题,教师们合作开发了《近代中国名人专题网站》、《宇航科技专题网站》,形成了学校《邓爷爷,我爱您》教育活动信息资料学习库,为教师和学生开展活动提供了丰富的信息资源。桑玉琴老师在组织学生学习《改革开放》一课时,课前,桑老师除了组织学生到中远两湾城实地考察外,更是通过上网查询资料,拓展学习视野;课中,教师和学生利用网络,开展网上互动教学,理解、感悟改革开放的内涵;课后,学生们利用网上查找的有关资料,创作了诗歌、演讲稿、电子小报和网页。在区举行的"纪念邓爷爷诞辰100周年"的诗歌、演讲、征文比赛中,我校学生荣获多项诗歌、演讲、征文比赛等第奖。

(四) 三位一体,加强教育力量整合

学校依托家长委员会、社区教育委员会,通过家长学校、亲子活动、教育开放、学习型家庭创建等活动,将《邓爷爷,我爱您》主题教育活动向家庭、社会延伸,努力达成共识,形成教育合力。

我校与石泉社区学校利用暑期,联合举办了《邓爷爷教我们学会爱》——让社区生活插上科技的翅膀的活动。石泉社区学校不仅为活动的开展提供场地,还为学校请来了退休老干部、师德标兵

查文红为学生进行学习辅导,普陀有线电视台也为此进行报道。

当我校与安徽魏庙小学的学生开展手拉手活动时,三(3)班的姚嘉鑫同学积极参加。看了孩子的表现,家长的心猛然一动,孩子有这份关爱之心是做父母求之不得的。那孩子怎么会这样想的呢? 于是,家长试探地问孩子:"为什么要让小朋友到我家来?"这个问题可没难倒姚嘉鑫,只听他有条不紊地说开了:"首先,我在《邓爷爷,我爱您》这本书中看到了伟人邓爷爷以普通人的身份帮助失学儿童,不记名地为'希望工程'捐款,我也应该向他学习。"听了孩子的话,家长打心眼里为他高兴,早早地为他设计好了活动安排,从各方面支持他。这次活动不仅使安徽魏庙小学的孩子度过了欢乐的"六一",也使我校《邓爷爷,我爱您》的学习活动得以向纵深发展。

三、实践、体验,提高教育活动实效性

在《邓爷爷,我爱您》的教育实践活动中,我们始终将学生作为教育的主体,采用实践、体验、感悟、参与等教育策略,让学生在实践、探究、体验中提高道德认识、激发道德情感、培养道德行为,从而帮助学生逐步树立和形成科学的世界观、人生观、价值观。

(一) 主题活动,实践提高

在《邓爷爷,我爱您》的教育活动中,我们本着"以人为本"的原则,从学生实际出发,通过调查问卷了解学生所喜爱的活动形式,先后开展了内容丰富、形式多样、学生喜闻乐见的主题活动。通过阅读连环画、上网查询、开展影视活动等形式,让学生在实践感知中认识邓爷爷光辉的一生;通过"寻觅邓爷爷的足迹"社会考察活

动，让学生在体验家园的变化、社会发展的实例中，唤起学生对祖国的热爱、伟人的崇敬之情；通过开展征文、演讲、网页制作、小报评比等活动，为学生搭建舞台，既展示了他们的一技之长，又表达了他们对邓爷爷的敬仰、热爱之情。

（二）社团活动，寓教于乐

中华民族的历史渊远流长，漫漫历史长河积淀了中华民族丰厚的艺术文化。如何分阶段让学生体验、感受，继而通过实践发展优秀的传统艺术项目？我们从校情和学生实际出发，以学生社团活动为载体，采取基础性要求与发展性要求相结合的策略，分阶段、有侧重地普及与提高学生的民族艺术修养。

男拳女舞，健体强身。武术以其气势饱满、刚健有力的风格深受男同学的喜爱。而木兰拳又以其动作舒缓、造型优美，尤其是其名称的特殊含义特别能表现女生的刚柔并济。毕锋、李明两位老师认真研究、虚心求教，与体委的武术老师、社区的木兰拳行家精心设计了适合小学生的拳操。在民族音乐声中，男生们动作刚劲利落，女生们舞姿轻灵。同学们用自己的身体语言传递着民族艺术的魅力。

民间工艺，传承神韵。一根红绳，三缠两绕，一种祝福，就这样编结而成，这是中国结的神韵；一张红纸，一把刻刀，镂镂刻刻，喜气跃然纸上，这是民间刻纸的魅力；黑黑的泥巴，经过巧匠们的搓捏，揉进了民族的艺术理念，这是陶艺的神韵。变幻多姿的京剧脸谱、色彩丰富的彩塑、飞针走线的编织……同学们用自己灵巧的双手演绎着民间工艺的神韵。

琴棋书画，陶冶情操。琴棋书画是中华民族艺术的精髓。为了弘扬民族艺术的精髓，我校开设二胡、笛子、琵琶民乐欣赏、训练班;白描、山水国画班;书法、中国象棋班。在训练过程中,我们从学生的基础和兴趣出发,以动手实践为基点,辅以理论的讲解,让学生在实践中领悟和把握琴棋书画的内涵。此外,学校还整合各种资源,为学生搭建展示才华的舞台:红领巾电视台、升旗仪式、中队、大队集会、社区文艺活动到处活跃着同学们的身影。实践活动不仅培养了学生的兴趣,而且也练就了学生的才华。我校学生在市、区各类大赛中屡获等第奖,并多次代表学校参加各种艺术才能展示。

总之,回溯我校的德育教育活动,我们在以下六个方面进行了积极而努力的尝试:第一,进一步完善"爱在心中"系列课程;第二,进一步细化"爱在心中"各年级达标要求;第三,进一步美化"关爱教育"的校园环境;第四,进一步优化关爱教育校本课程的实施;第五,进一步推进"关爱教育"在各学科的开展;第六,进一步提高"三位一体"教育合力和"活动育人"的实效。正是因为这一系列"组合拳"的效用,我们认为,学校德育教育的有效性能够得到保障,学校发展的思想力源源不断地得以呈现。

第七章 以"E"项目为载体,
提升学校发展的辐射力

> 关于学校特色建设,有不少似是而非的说法,需要纠正和澄清学校特色建设的突出问题,是"共性不共,个性不个"。学校特色建设要遵循教育的基本规律,认识学校的文化传统,认识风土文化,认识学校的个体性特征,以核心价值观为传统,以制度创新为抓手,以课程教学改革为重心,以新型交往关系为纽带,"基于学校""通过学校""为了学校",走校本发展之路。
>
> ——杨九俊(江苏教育科学研究院 研究员)

特色建设是当下学校发展的一个热点话题,也是教育发展到一定阶段的必然主题。《国家中长期教育改革和发展规划纲要(2010—2020年)》指出:"树立以提高质量为核心的教育发展观,注重教育内涵发展,鼓励学校办出特色、办出水平,出名师,育英才。"特色是一个学校的内在特质与个性标志,是一个学校的品性和风格,是一所学校区别于同类学校的显著标志,也是学校影响力、辐射力的核心要素之一。应该指出的是,学校的办学特色不是先天而成的,学校的管理者和师生,应该在系统考虑学校办学区位、办学历史、学校发展现状、学校文化、师生的生命情态等因素的基础上，对办学特色和定位的问题进行系统考量。办学特色的关键在于特色，在于创新，在于成才学校关于教育教学工作的特色表达。美国作家海明威有句名言："寻找属于自己的句子"，强调一个作家观察生活、认识世界、思考问题、思想表达都要有其独特性。而在学校特色的创建过程中，我们认为，学校的特色发展，实际上也要"寻找属于自己的句子"①，体现学校的个性化思考。

第一节　追求特色：现代学校发展的必然选择

在中国社会转型时期，学校无特色现状引起了人们的普遍关注与深刻反思，促进学校特色发展成为影响当前学校生存与学生发展的重大现实问题。对于学校而言，要打造属于自己的特色，实现特色发展，首要的问题是认清学校特色发展的内涵，明确学校特色发展的前提条件，以及掌握实现学校特色发展的基本途径。

一、学校特色的核心概念

从字面意义上理解，"特色"包含"独特"和"出色"两层含义。按照《现代汉语词典》的解释，所谓"特色"就是事物表现的独特的形态、色彩和风格。古人曰："事物之独胜处曰特色。"根据这种理解，所谓"特色"，也就是某事物呈现与众不同而且特别优异之处。

---

① 杨九俊. 学校特色建设："寻找属于自己的句子"[J]. 教育研究，2013，(10).

"特色"的本质在于"独特"和"优质"两个方面。

"学校特色"概念的学术研究发端于1993年中共中央、国务院印发的《中国教育改革和发展纲要》。《纲要》明确提出中小学要"办出各自的特色"。许多学者对此展开了激烈争论，产生了各种不同的理解。例如：独特出色说，坚持这种观点的学者从"特色"的"独特"和"出色"两层含义入手，将学校特色理解为学校在长期教育实践活动过程中形成的独特而优质的办学风貌或教育风格；再如学校个性说，即学校在长期办学实践中形成的独特个性风格；又如文化模式说，即将学校特色理解为学校在教育教学实践过程中所形成的一种个性化学校文化模式；另如，整体风格说，持这种观点的人认为，学校特色具有独特的个性化风格，但这种风格应是整体的、综合性的而非个别化的，因而主张学校特色是学校在长期办学实践中所形成的独特的、稳定的、优质的且带有整体性的个性风格。

综合关于学校特色的不同理解，我们认为，所谓的学校特色，实际上就是学校基于自身的历史传统和实际情况，在长期办学实践中逐渐形成的一种区别于其他同类学校的独特、优质而且相对稳定的办学气质和办学风格。这一概念包括三个方面的内涵：首先，学校特色是关系性概念。它总是在与其他同类学校的关系中得到确证。也就是说，学校特色是共性基础上的个性显现，是个性基础上的共性存在；其次，学校特色是属性概念。独特性、优质性与稳定性是学校特色的核心内涵，也是判定学校特色发展的内在标准；最后，学校特色是对象性概念。学校特色总是体现在学校办学工作的某一方面。

二、学校特色发展的三重条件

大量的实践案例表明：学校与社会、学校与学校、学校与自身三方面的关系状态与学校特色发展密切相关,它们分别从外部、中间和内部形成了学校特色发展的三重结构,也是学校特色发展的三重前提。

（一）外部庇护层:学校与社会

学校特色发展的外部庇护层是由社会政治经济制度形成的外部制度环境,主要反映学校教育与社会其他领域的关系。它具体包括两种关系:一是教育与政治、经济、文化的关系,它规定了教育是独立还是依附的存在状态;二是学校与政府、市场、社会（社区）的关系,它规定了学校办学的三方面——学校办学的价值取向、学校办学的自主权、学校办学资源的来源。

如果教育在与政治、经济、文化等其他社会领域的关系中不能保持相对独立,学校就只能依附于特定社会的政治权力、经济利益和文化压力而成为从属存在,学校就很容易受到外部势力的侵袭和干预。此时,学校极易以某种统一的思维方式和行为模式存在,也就失去了学校特色发展的外部环境。在学校与政府、市场、社会（社区）的关系层面,如果政府高度集中学校的办学权,或者市场不能有限介入学校办学,或者学校与民间、社区相互隔离,学校在办学价值取向上就容易趋同,在办学过程中就没有自主空间,在办学资源的来源上就会陷入单一,在办学的基点上就失去了社区文化母体,这都意味着学校特色发展的不可能。

（二）中间组织层:学校与学校

学校特色发展的中间组织层是学校根据实际所形成的独特组织模式,它主要反映学校与其他同类学校之间的生存状况。学校与其他同类学校之间的生存状况有两种:一是整体生存,即学校与学校个性趋同,不同学校之间形成整齐划一的局面,毫无学校特色可言。二是个体生存,即不同学校在办学理念、价值选择、权力、资源来源、课程教学与人才培养模式等方面形成自己的特色。显然,学校是整体生存还是个体生存,与学校特色发展的外部庇护层密切相关。如果外部庇护层遭到严重破坏,学校表现为整体生存状况,学校特色发展的中间组织层就会受到损害。但即使外部庇护层存在,学校特色发展的中间组织层仍有可能受到损害,导致本来不同的学校形成了"千校一面"的格局。

(三) 内部特质层:学校与自身

学校特色发展的内部特质层,是在办学过程中由学校主体(校长、教师、学生)的特色意识、权利空间、个性状态与行为状态所形成的内在品质,它主要反映学校与自身的关系。在外部庇护层完整存在的情况下,如果学校自身没有特色发展的意识和动力、不具备相应能力或不主动抓住机会,那么,学校特色发展的中间组织层就会受到极大的损伤。而这种意识、动力、能力和主动性与学校主体的内在品质密切相关。

在学校特色发展的内部特质层,特色意识、权利空间、个性状态和行为状态是影响学校特色发展的四个关键指标。在校长身上,主要体现为是否具有强烈的追求特色发展意识、足够的自主办学权力、活跃的个性以及较高的行为创造力;在教师身上,主要体现为是否具有强烈的课程教学创新意识、足够的自主教学权力、活跃的个性、显著的教学特色以及较高的教学行为创造力;在学生身上,主要体现为学习方式是否具有自主、合作、探究等特征以及全面素质与创造个性是否得到充分发展。

三、实现学校特色发展的路径

就当前中国学校教育的现实条件和发展空间而言,学校特色发展最直接的途径主要有以下几方面。

(一)学校组织文化建设

学校文化精神是学校特色的核心与灵魂。学校文化精神是非实体性精神,是在长期教育管理与教育教学活动中逐渐积累下来的、被全体师生员工所认同的群体意识和学校气氛。

学校文化精神孕育于组织文化环境中,学校特色发展就是学校组织文化成熟的过程。因此,学校组织文化建设是学校特色形成与发展的关键途径。实际上,学校特色发展就是要发展一种为学校所特有的组织文化。从宽泛的意义上说,这种文化既有严密的制度安排又有符合人性的激励措施,既要解决技术性问题也要探索适应性问题。处理好人与制度、学校组织目标和个人发展目标之间的矛盾,就必须建设良好的组织氛围,既要公开坦然、高度信任,又要关心和分享、争取多数人的意见,同时也支持和珍惜不同意见,最重要的是十分珍惜人的成长和发展。

(二)校本课程开发

每个学校都有独特的文化品质、生存条件和发展资源,校本课程开发在一定程度上能体现校长、教师的自主性、能动性、创造性与学校的独特个性。长期以来,我国实行集中的课程管理,学校没有课程开发权,教师成为国家课程的执行者。这不仅降低了课程对不同地区、学校和学生的适应性,而且制约了学校和教师的自主能动性,学校和教师难以形成自身的特色与个性。为贯彻《中共中央国务院关于深化教育改革全面推进素质教育的决定》和《国务院关于基础教育改革与发展的决定》,教育部颁布了《基础教育课程改革纲要》。该纲要指出,为保障和促进课程对不同地区、学校、学生的要求,实行国家、地方和学校三级课程管理。这为学校的特色建设创造了一定的自主空间,使校本课程开发成为学校特色发展的一种现实途径。

(三) 课堂教学创新

课堂教学是学校实现特色发展的中心环节。学校特色发展就是要在挖掘学校教学传统和优势的基础上,融合新的教学理念,创新课堂教学的目标、内容、过程与方法,从根本上转变教师教的行为与学生学的行为。

当前,课堂教学创新首先需要明确两点:第一,在实践活动的基础上,通过多向交流、合作和学生的主动参与促进学生发展,这是课堂教学创新的基本理论思路;第二,课堂教学创新的实质是追求课堂教学实践的合理性,即追求合规律性、合目的性与合规范性的统一。以此为基础,课堂教学创新可以从以下几个方面努力:第一,协调历史尺度与价值尺度的内在冲突,确立课堂教学创新的合理尺度;第二,抓住活动、交往和学生的主动参与三个关键环节,提高课堂教学的科学性;第三,把握课堂教学的多重过程与多重意义,体现课堂教学的实践性、社会性与人文性;第四,实施发展性教学策略,发挥课堂教学的发展功能。

(四) 校本教研

学校特色发展既需要大量的实践探索,又需要科学理论的指引,更需要实践与理论的有效结合。校本教研正好为这种探索、指引和结合提供条件。事实上,很多学校的特色发展成果都来自和体现于学校卓有成效的校本研究上。可见,校本教研也是学校特色发展的重要途径。

所谓校本教研,是为了改进学校教育教学工作,提高教育教学质量,基于学校的实际情况和实际问题,依托学校自身的资源和条件而进行的教育教学研究。校本研究强调三点:一是强调以学校教师作为研究主体;二是强调以校为本,围绕学校的实际问题开展研究;三是强调理论指导下的实践应用研究,既注重解决实际问题,又注重经验总结、理论提升、规律探索和教师专业发展。总之,教师个体的自我实践、自我反思与不断学习,教师群体的合作互助,专业研究人员的专业引领是开展校本教研的三种支撑力量。

(五) 校本管理

学校特色发展的实质即学校的自主办学和自主发展。体现在学校管理上,学校特色发展要求学校实行校本管理。

与高度依赖政府的外部管理相比,校本管理首先强调学校基于自身情况进行自主管理,包括自主定位、自我调控资源和自我约束。其次,校本管理强调学校办学权的转移与下放,包括教育行政权向学校、校长的转移和下放以及学校办学决策权向广大教师、学生和家长的转移和下放,由此促进学校办学模式、办学行为的科学化和民主化。最后,校本管理尤其强调人的因素。最大限度地保证人的工作权力,拓展人的自主活动空间,调动人的工作积极性、主动性与创造性,注重人的自我管理,是校本管理的核心之所在①。

---

① 王伟.学校特色发展:内涵、条件、问题与途径[J].中国教育学刊,2009,(6).

第二节 发展定位:打造"E"校园特色品牌

学校的特色发展离不开对学校特色以及学校发展的个性化思考与设计,其中最为重要的是理清三个方面的关系:

第一,办学特色是事实陈述还是价值判断。在笔者看来,从词汇学的角度分析,"特色"一词具有中性的意义,引申为事物区别于他者的不同之处。但是将"特色"一词运用于教育领域,由于教育事业的独特性质,显然办学特色也就不可能仅仅被理解为一种中性的意义,也就是说,办学特色不仅应该是一种表征一所学校不同于其他学校的事实陈述,而更为重要的是要表征这种不同背后所彰显的积极向上的价值意义。这就意味着评价一所学校是否具有特色,不能仅从"区别""差异""特别"的角度去聚焦于学校办学的"特别之处",而更为重要的是要发现隐藏在这些特别之处背后那些有利于教育目标实现的"出色之处"。学校特色之所以"特",不仅仅在于与其他学校的区别,还在于有功效,没有功效不能称之为有特色。从这个角度上说,学校的办学特色,应为一种价值判断,而非仅为一种事实陈述。

第二,办学特色是整体风格还是局部优势。从当前的情况看,在创造学校办学特色的过程中,学校管理者多是将视角集中于宏观的层面,将办学特色仅仅视作一种整体性的要求,试图通过学校面貌的整体重塑来打造所谓的办学特色。笔者梳理了近十年关于办学特色的相关研究,发现讨论的焦点多集中于宏观领域或者整体风格,针对局部优势或微观领域的探讨并不多见。在笔者看来,一方面,随着我国教育事业的快速发展,学校的功能在扩大,结构日益复杂,在这样的情况下,似乎很难用一种统一的风格来规范和表征整个学校的发展情形;另一方面,办学特色不仅彰显学校的风格,也同样在指导着学校的整体发展,办学特色过于宏观和抽象,不利于其对教育改革实践的现实引导作用之发挥。因此,在办学特色的探索过程中,更应该注重引导和鼓励局部优势和具体问题的探索。

第三,办学特色是长期沉淀还是短期效应。当下,办学特色创建过程中,存在较为普遍的急功近利思想,这些思想往往又是源于人们对于办学特色究竟应该是一种长期的沉淀还是一种短期的效应这一认识的模糊。在对学校办学特色的概念界定中,无论是怎样的视角,都不能否认和回避诸如"长期""稳定"之类的表述,这充分说明,学校办学特色的形成是学校在长期的办学过程中形成的,学校的历史,不仅是学校办学特色形成的基础和依托,这其中蕴含的文化、精神、理念等,其本身也就是一种办学特色。应该清醒地认识到,办学特色的形成是一个长期的过程,应该始终认识、尊重和围绕学校的历史发展和文化积淀,只有如此,我们才能真正遵循教育发展的规律,延续学校的历史和命脉,克服行政力量对学校发展定位的不良干预,避免办学特色表述和追求的朝令夕改。那种期颐办学特色能够在短期内形成的思想,实际上是功利主义教育观在教育中的真实体现,是不符合教育规律和学校发展需要的[1]。

基于上述三个方面的认识,我们在追求学校办学特色的过程中,提出了围绕英文字母"E"来组织和表达学校办学特色的设想,这一设想主要包括三个方面的内容:"打造一个品牌,做强一门学科,发展各育特色项目"。具体而言,打造一个品牌,即为学校的信

---

① 章巧眉. 大学办学"特色"的误读与新解[J]. 教书育人,2013,(9).

息化工作特色；做强一门学科，即为学校的英语学科，发展各育特色项目，即为推进教育活动的娱乐化，提升活动的吸引力。

我们认为，以"E"项目为载体，提升学校发展的辐射力，创建学校的特色与品牌，主要有三个方面的优势：其一，我们的学校特色建设，涉及三个方面的领域，都是围绕着教学和学科建设开展，始终服务于学生的成长成才，这是关系到学校办学质量的核心要素，直接作用于学校办学水平的整体提升和教书育人目标的实现，这一前提性条件的存在，决定了我们的办学特色不是单纯地追求所谓的差异性，而是追求办学特色背后蕴含的积极的价值追求；其二，我们学校的特色建设，是植根于对学校发展历史的尊重、继承和创新基础之上的，特别是对于英语学科建设的扶持，实际上源于学校多年来在英语学科教学之中取得的骄人成绩，对信息化校园建设和教育活动娱乐化建设的重视，则体现了我们对现代教育基本理念的把握和个性化思考，这也就意味着，我们的办学特色创建，既是历史的，又是现实的，既植根于学校改革与发展的实际，又体现了我们对未来基础教育发展的构思与设想；其三，我们学校的特色建设，用三个"E"表达，取材于每一个项目核心词的第一个英文字母，这样的组合方式，朗朗上口，便于记忆，能够很快地被广大师生所认可和接受，也便于在追求学校办学特色的过程中更好地凝集师生的智慧与力量，以更好地实现学校的发展。

第三节　顺应时代：推动学校信息化建设

信息化是当今时代发展的大趋势，代表着先进生产力。按照托夫勒的观点，社会变革的第三次浪潮是信息革命，大约从 20 世纪50年代中期开始，其代表性象征为"计算机"，主要以信息技术为主体，重点是创造和开发知识。随着农业时代和工业时代的衰落，人类社会正在向信息时代过渡，跨进第三次浪潮文明，其社会形态是由工业社会发展到信息社会。第三次浪潮的信息社会与前两次浪潮的农业社会和工业社会最大的区别，就是不再以体能和机械能为主，而是以智能为主。信息技术的发展对人们学习知识、掌握知识、运用知识提出了新的挑战，教育的发展，必须直面这种挑战，努力推动教育的信息化工作，已经成为当下基础教育领域各维度改革的重要思路和方向。

在推动学校特色发展的过程中，我们敏锐地发现了信息技术发展对教育教学工作带来的机遇与挑战，充分借助网络信息技术创新和优化学校各项工作，提升办学水平、改变教师教学方法和学生学习方法，为每一个学生的和谐发展提供有力的技术支撑。在学校"船文化"的引领下，我们通过进一步构建和完善教与学的资源库，进一步推进课题研究和推广科研成果，进一步提高了教师的信息综合素养，进一步提升学生运用信息技术的创新能力等思路，逐渐构建起了学校信息化教育工作的整体运行框架，给学校的各项工作打上了信息化的强烈色彩。

首先，架"桥"铺"路"，构筑"信息化"校园平台。我校自主研发并初步建成了集"管理、资源、展示、互动交流"为一体，立足于服务学校管理、教师教学和学生学习的网络信息平台。

其次，推"波"助"澜"，课题支撑项目发展。我校承担了中央电教馆的重点立项课题《信息技术与学科整合，构建"探究"学习模式》的研究，实践、梳理了"引导—探究、尝试—探究、协作—探究、自主—探究"四种学习模式，并成功实现了课堂教学的四大转变。为了使上述研究成果得到进一步的发展，使之在更大范围内得到推广运用,同时在理论和实践层面均有进一步的创新。目前,我校正在积极开展世界教科文组织联席学校重点立项课题《依托网络教研,重构教研文化》、上海市教育科研规划处立项的《基于 moodle 平台的教育科研师训课程开发的研究》两大课题的研究。

第三,开"渠"引"水",建设现代化师资队伍。我们采取内部挖潜和外部引进相结合的方法,通过技能培训、资源开发、课堂实践、课题研究等途径,全面提高教师的信息素养,逐步构筑起我校信息技术领域的人才高地。目前我校 100% 的教师参加了校级科研课题研究,教师均能有意识地将科研成果运用于课堂实践。60 位教师还获得了多媒体制作中级证书、58 位教师获得了英特尔未来教育 7.0 证书。我们正在使用的集管理、资源、互动、交流为一体的学校网站、童心快乐园等项目都是由我校教师自主开发、研制的。45% 的教师参加区级以上科研课题的研究,其中 41 位教师取得一定的研究成果,他们执教的课堂教学,撰写的研究案例、论文,制作的网站、课件分别获得全国、市级各类科研比赛等第奖。学校获得中央电教馆课题研究先进集体的荣誉称号。

最后,乘"风"破"浪",培育"IT"小能人。构建信息化校园的出发点和落脚点是为了培养学生的现代信息素养。我校的主要做法是:一是开发校本课程,培养学生运用信息的兴趣。二是通过信息技术与课程整合,培养学生运用信息的意识。提出了课前、课中、课后的学习要求。三是构建少先队信息平台,培养学生运用信息的能力。我校建构了少先队工作信息化平台,通过少先队管理、资源、展示及互动交流信息平台的构建,培养和发展学生的自主管理能力。在少先队工作信息平台上,我们以寻宝、闯关等游戏形式,设计了一系列深受学生喜爱的教育软件,使学生在喜闻乐见的电脑游戏中,在做做玩玩中不知不觉地提高认知、激发情感,规范行为。我校提出的《少先队入队教育资源库建设与个案研究》分别被上海市德育协会、少先队科学研究协作委员会作为立项课题。

第四节　重点突破：做大做强
英语学科／特色学科

学校办学特色的核心是学科教学的特色，这不仅是因为，学科教学的整体水平和特色化程度是最容易受到社会民众关注的问题，同时也因为，学科教学的质量直接关系到学校整体的办学质量和人才培养质量，因此，在创建学校办学特色的过程中，很多学校都选择将学科教学的改革作为特色化建设的重要着力点，并努力追求学科教学领域的特色品牌。

近年来，我们学校把建设英语强势学科作为学校的优先发展项目，旨在通过英语强势学科的建设，提炼、总结经验，向其他学科示范、辐射，以期带动各学科的优质、均衡发展。我们设计了《中正平和，一树百获》——打造英语强势学科的行动方案，组织教师们通过梳理课程目标、调整课程内容，研究教学方法，推进英语课程的校本化实施。开展了"情景教学模式"、"探究学习模式"、"合作教学模式"等教学模式研究，开展了"文本单元设计"、"阅读与写作"等主题研究，逐渐将英语学科的教学打造成在区域内有较高知名度的特色知名学科。

一、调查研究，双向定位，把握发展方向

综合各项调研结果，我们对学校的英语发展现状进行了剖析

反思,提出了学校英语工作的发展方向:

发展宗旨:奠学生成长之基,铺教师成长之路,树学校学科品牌;

发展方向:全方位,多层次,做强英语,试验双语;

发展目标:优质、领衔、稳定。即优质的强势学科;领衔的骨干教师;稳定的教学质量;

发展策略:现实与愿景双向定位;基础性要求与发展性要求并举;开发发展项目。

围绕发展目标,我们还制定了学校《英语学科发展规划》、设计了《点、线、面链式做强英语,实验双语实施方案》。

二、核心领衔,优势互补,塑造优秀团队

学校专门成立了英语学科研究办公室,积极发挥市、区级英语骨干教师的核心辐射作用,采用"核心领衔,培养骨干,提高整体"的发展策略,以课题研究为抓手,采用个体师徒结对与团队师徒结对相结合,聚合型与散点型教研活动相结合的方式,促使教师在研究中工作,在工作中研究。英语研究室、教师办公室、学校会议室、教室里、走廊上经常可以看到教师们三五成群讨论交谈的身影。如何把握课程目标? 如何运用教材? 如何设计教学过程? 如何驾驭课堂教学? 如何将课堂中生成的教学资源为我所用等。教师们就在这样一种实实在在的带教模式中成长了。教师个体在成长,优秀团队在形成,2006 年至今,我校多位英语教师在各级教学评优中获得一等奖,许多教师参加了各层级的英语、双语教学展示。近年来,我校英语组曾先后荣获上海市"文明班组"、普陀区"先进职工之家"、普陀区教育局"先进班组"、普陀区"优秀教研组"等荣

誉称号。在英语教研组的引领下,我校还涌现了一批像英语组这样优秀的学习型团队。学校语文教研组曾获得普陀区"学习型班组"称号,低年级语文组获得普陀区"巾帼文明岗"称号,数学教研组获得普陀区教育系统"三八红旗集体"称号。

三、科研引领,实践探索,提高教学质量

我校积极依托网络信息平台,开展了《信息技术与学科整合,构建探究学习模式的研究》,在实践中,我们逐步确立了"引导—探究"、"协作—探究"、"尝试—探究"、"自学—探究"的小学英语任务型教学下的"探究"学习模式。

探究学习模式的研究,带来了学生学习过程的四大转变。其一,师生角色地位转变;其二,教学组织形式的转变;其三,教学内容的转变;其四,教学策略的转变。教师的主导作用不是集中表现在课内,而是转向了课前的充分准备上即由"幕前"转移到了"幕后",学生在课堂学习中的主体地位大大提升,课堂中,学生的主体作用与教师的主导作用相互更为协调地发展;由于信息技术的进入,学生可以通过人机交互、小组合作、个别自学等各种形式开展学习,自由地选择合作,交流的对象,使学习时空得到了无限的拓展;教学中,师生以"教材"为基本内容,运用网络中的信息,自由地搜集、发现,并根据自身的需要加以运用,使过去单纯以"书本为中心的""预设性"学习,逐步转变为预设性与生成性相结合的"开放性"学习,激发了学生学习兴趣,提高了学习效率,促进了学生主动发展。

我校的语文、数学、自然学科也与英语教研组一起参加了"探究"学习模式的研究,近年来,教师们撰写的许多研究论文在各类期刊中公开发表,执教的公开课也屡获佳绩。

四、任务驱动,多向交流,赋予创造的活动

我们依托英语课和英语活动这两个载体,以英语交流与互动话题为手段,在情境模拟课、互动游戏节、听力拓展课、才艺展示节、英语文化节等课型和活动中反复实践,不断探索,从大量的案例中演绎归纳出了五种英语交流与互动方式(参见下图)。

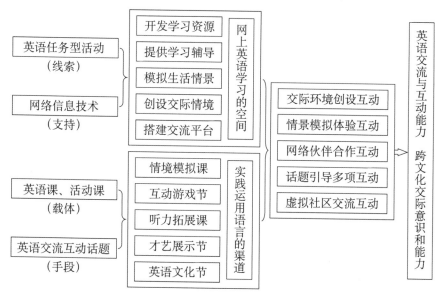

实践活动,不仅提高了学生学习英语的兴趣,更促使学生在探究、互动、运用中提高了英语学习的综合能力。近年来学生们在各级各类英语竞赛中屡屡获奖,英语学习的文化氛围也日益浓厚。

第五节 多元并举:开发学科娱乐活动

学习活动的开展,离不开学生学习兴趣的培养。从心理学的

角度看,兴趣是一种特殊的意识倾向,是动机产生的重要的主观原因,是对所从事的活动持创造性态度的主要条件。基于这样的认识,学习兴趣,是指"个人对学习活动的一种积极认识倾向和情绪状态",它包括直接兴趣和间接兴趣。兴趣是好奇心的来源,具有探究的倾向,正确的学习兴趣,可以增强人们学习活动的自觉与效率,正如美国心理学家布鲁纳说:"学习的最好刺激,是对学习材料的兴趣。①"鉴于此,在以人为本的当代教育理念下,如何从学生的身心发展特征和成长需要出发,通过教学内容、教学方式的变革提升学生的学习兴趣,已经成为事关学校教育教学改革成败的关键性问题。

在推动学校特色发展的过程中,我们注重提升学科教学活动自身的趣味性,通过寓教于乐的方式,不断提升学生的学习兴趣。在我们看来,体育、美育、科技是学生基本素养的重要组成部分,也是最有可能实现学科教学与娱乐活动相结合的领域。我校结合校情,生情和师情,梳理了各育的重点,逐步确立了田径、游泳、宇航、头脑"OM"、"环保"、"民族艺术"、"将棋"、"机器人"等优势项目,采取普及与提高相结合的方法,为学生提供多元选择,培养和发展学生的兴趣、爱好和特长。目前,我校所有担任音、体、美等学科教学的老师,均担任1至3个学生特长团队的培训任务,且100%的学生参赛团队获得过区级以上的等第奖。一年来,学生在全国、市、区各项比赛中屡创佳绩。荣获15个团队比赛等第奖。183人次的学生获得全国、市、区各类比赛等第奖,其中8项荣誉称号、95项学科竞赛成绩、49项科技成绩,31项体育成绩。

---

① 牛亏环.学习兴趣研究进展分析[J].教育学术月刊,2014,(10).

一、阳光体育,快乐健身,增强体质健康

近年来,我校坚持以"健康第一,和谐发展,学校体育为学生的终身体育服务"的指导思想,以提高学生体质健康为目的,始终将学校体育作为促进学生身心和谐发展的重要途径。

其一,建章立制,提供保障,探索长效机制。我校积极探寻课内外、校内外的联动机制,注重与社区共建,广泛开展群众性体育活动,吸引学生、家长、社区居民共同参与,创设促进学生坚持体育健身的良好环境。我们依托游泳学校,大力开展"人人学会游泳"的活动,学校游泳队更是屡战屡胜,成绩斐然。务实的工作作风,清晰的管理制度,联动的工作机制,使学校体育工作得以规范有序地开展。

其二,阳光体育,快乐健身,增强体质健康。我校将阳光体育与少先队的主题活动、学校的节文化活动紧密结合。通过快乐健身,培养学生健身技能;通过快乐擂台,提高学生健康素质;通过快乐长跑,提高学生体能素质。依据学生的年龄特点和学校的体育设施、设备情况,我们制定了各年级阳光健身的必修和选修技能。跳绳、呼啦圈、踢毽子、羽毛球、篮球是我校一至五年级学生的必修技能。乒乓、游泳、击剑、武术……则成了选修技能。阳光下,同学们开心锻炼、愉快游戏,不亦乐乎。

其三,立足校本,体教结合,发展优势项目。我校立足校本,积极依托游校,本着"优势互补、资源共享、人才共育、特色共建、责任共担、荣誉共得"的原则,我们与游泳学校训练处沟通,制订训练计划、调整训练时间,做到上课、训练两不误,取得了喜人的成绩……目前,游泳项目不仅成为我校的体育优势项目,也逐步发展为我区

中、小学体育的优势项目。

二、立足传统，修身养性，提高艺术修养

我们从校情和学生实际出发，分阶段、有侧重地普及与提高学生的民族艺术修养。

其一，琴棋书画，陶冶情操。琴棋书画是中华民族艺术的精髓。为了弘扬民族艺术的精髓，我校开设二胡、笛子、琵琶、民乐欣赏训练班；白描、山水国画班；书法、中国象棋班。在训练过程中，我们从学生的基础和兴趣出发，以动手实践为基点，辅以理论的讲解，让学生在实践中领悟和把握琴棋书画的内涵。

其二，民间技艺，传承神韵。一根红绳，三缠两绕，一种祝福，就这样编结而成，这是中国结的神韵；一张红纸，一把刻刀，镂镂刻刻，喜气跃然纸上，这是民间刻纸的魅力；黑黑的泥巴，经过巧匠们的搓捏，揉进了民族的艺术理念，这是陶艺的神韵。变幻多姿的京剧脸谱、色彩丰富的彩塑、飞针走线的编织……同学们用自己灵巧的双手演绎着民间工艺的神韵。

其三，男拳女舞，健体强身。武术以其气势饱满、刚健有力的风格深受男同学的喜爱。而木兰拳又以其动作舒缓、造型优美，尤其是其名称的特殊含义特别能表现女生的刚柔并济。毕锋、李明两位老师认真研究、虚心求教，与体委的武术老师、社区的木兰拳行家精心设计了适合小学生的拳操。在民族音乐声中，男生们动作刚劲利落，女生们舞姿轻灵。同学们用自己的身体语言传递着民族艺术的魅力。

其四，民族文学，文化熏陶。从学生的年龄特点出发，我们在低年级中开展了唱诗和读经活动，在中高年级开展了"乡土教育"，

开发了"弄堂童谣"、"弄堂游戏"、"上海石库门"、"上海民间小吃"、
"上海路名变迁"等教材。

三、立足校本，专业引领，培养创新火花

以科促教，以科促学，以科辅德，是学校科技工作追求的目标。
我们的做法是如下。

（一）开展主题活动，普及科技信息

近年来，我校以"弘扬科学精神、宣传科学思想、普及科学知
识、传播科学方法"为宗旨，坚持把科技教育工作纳入整个学校工
作计划，把科技创新精神和科学实践能力的培养贯穿于科技活动
的全过程中。每学期，我校都将前沿的科技信息的普及纳入学校
科技活动的主题，引导学生亲近自然，感受科学，培养热爱科学、探
究科学的兴趣，2007年至今，我校先后获得8项各类科技先进集
体的荣誉称号。

（二）开展社团活动，促进个性发展

科技社团活动的开展，是促进学生全面发展的重要措施。在
社团活动中，我们组织学生开展了各项专题训练，金钥匙科技活
动、头脑OM活动、中环杯竞赛活动、绿色环保活动、未来工程师
活动、科学幻想画创作活动等……系列活动培训为学生提供了展
示个性的平台，培养了学生自主探究科学的兴趣和能力，促进学生
全面发展。目前，学校已有多名学生获得各级、各类科技竞赛等
第奖。

（三）开展特色活动，培养民族精神

"我校以宇航科技特色为抓手，发扬"不怕困难、坚忍不拔"的航天精神，培养学生的民族自豪感。

我校与上海市宇航协会密切合作，曾多次邀请宇航协会的专家来我校，为学生们作专题讲座，开展实践活动。与宇航协会的密切合作不仅促进了我校的科技工作，而且使我们的学生成为最终的获益者。2007 年 11 月份，我校选出了 40 名学生代表参加了上海市宇航协会、上海市科技馆主办的"神州六号"欢庆会。2008 年，我校作为上海市 28 所宇航科技特色学校之一，参加了宇航科普教育十年成果展。荣获"光明杯"上海市航天知识竞赛团体二等奖的好成绩。同年，学校荣获中国宇航协会"希望号"奥运星搭载方案活动优秀组织奖，胡佳怡同学设计的方案经过答辩，荣获全国优秀奖。2009 年，我校参加了上海宇航协会举办的太空育种计划，还参加了中国宇航协会的太空猜想活动。

第八章　以文化建设为支撑，
　　提升学校发展的向心力

　　真正面向未来的学校文化，恰恰是扎根于传统与现实的文化土壤中，能孕育出超越历史与现实的文化。学校文化本身也应体现指向未来和超越的本质。当今学校文化建设十分现实和重要的任务，不是回避或以精神否定财富的方式来形成学生积极的人生态度，而是要从财富与精神、幸福人生关系的意义上，帮助学生形成健康、积极的人生观和生活方式。学校要完成适应新时期发展所提出的新文化任务，唯一的出路是参与到社会新文化的构建中，按社会发展的要求和时代的精神，构建超越现实的新学校文化。

　　　　　　　　　　　　——叶澜（华东师范大学基础教育改革

　　　　　　　　　　　　　　与发展研究所　教授）

　　文化正成为这个时代鲜明的主题之一，影响着各个领域的发展与品质。教育以其与文化不可分割的孪生性成为备受文化影响的社会现象，学校的文化特征已成为学校品质的重要标志。因此，学校文化建设正成为当下学校发展的重要主题①。在具体的学校文化建设实践中,如何理解学校文化的内涵、明晰学校文化建设的科学路径,并根据学校的办学历史、办学现实以及师生的生命成长需要构建富有学校特色的文化体系,已经成为当下基础教育和学校改革与发展过程中学校管理者的一致性选择。

建设具有时代特色的和谐校园文化不仅有利于凝聚师生力量,促进教学相长,推动学校发展,而且有利于中华民族先进文化和共有精神家园的传承。笔者所在的中北一小,是一所有着优良办学传统的中心小学,在历任校长和教师们的共同努力下,打造了一支"积极向上,勤奋进取"的教师群体。2005 年,教育局将原石泉转制小学并入我校,两校合并,为学校发展注入了新的活力,同时也带来了新的矛盾和困难,如何抓住机遇,迎接挑战,构建"富有时代精神、充满人文气息、多元合作共赢、推动教学相长、促进教书育人"的和谐校园文化,从而促进教师队伍的整体素养和学校办学水平提高是我校近年来思考和实践研究的课题。

第一节　文化建设:促进学校发展的重要任务

文化建设历来是学校必须承担的一项重要且富有全局性的工作,在实践中,它往往被理解成校园文化建设,强调学校物质环境、制度环境和心理环境的建设,突出学校特色和个性的形成。实际上,随着社会的变迁和教育的革新,学校文化的内涵与外延也在不断丰富和扩大,作为学校管理者,有必要站在学校整体发展的视角

①　杨志成.学校文化建设的结构与建构[J].中国教育学刊,2014,(5).

系统思考学校文化建设的一系列相关问题,明确学校文化的基本内涵,寻找生成学校文化的基本原则和基本路径。

一、学校文化的基本内涵

学校文化既具有一般文化的属性,又具有自身的特点。加强学校文化建设,需要从不同角度理解学校文化的含义。

(一) 学校文化具有广义文化的一般性

学校文化是一种组织文化,具有一般文化所固有的特征。西欧“文化”一词来源于拉丁文,原意是指农耕和作物培植,文艺复兴以后逐渐推广使用,把对人的教化称作文化。英国人类学家泰勒率先认为文化是一个复杂总体,包含知识、信仰、艺术、伦理、法律、风俗以及个人习得的能力和形成的习惯。其他多位国外学者从各自学术立场和观察角度出发,也对文化做出了相应定义。尽管表述不同,但他们都承认,文化是指人类创造出来的、可以通过学习获得并为后人学习和传递下去的一切物质和非物质产品①。在中国,“文化”的含义也十分广泛,读书、写字、文学、艺术、图书、考古、民俗、礼仪、宗教等都属于文化。

尽管文化包罗万象,但大致可归纳出三个构成方面:一是观念形态,包括人们的世界观、价值观、宗教信仰、道德标准、认知能力、思维方式、心理特征等;二是物化产品,包括透过物质形式能反映人类精神世界变迁和人们观念差异的产品等;三是生活方式,包括人们的衣食住行、婚丧嫁娶、生老病死、家庭生活、社会生活等。构

---

① 郑金洲.文化教育学[M].北京:人民教育出版社,2000.11.

成文化的各因素之间有着千丝万缕的联系,研究文化问题时,不仅要考察其内部的各构成因素,更要努力探寻它们之间的内在联系。文化的性质受自然环境影响,更是由社会政治经济制度决定的。观念形态的文化是一定社会政治经济制度的反映。物质文化除了受社会制度影响之外,还受自然环境制约。文化是人类创造出来的,可以后天习得;文化是可供一个群体或社会全体成员共同享有的,并可以代代相传;文化是多样的,特殊性是其本质,相似性是其表现。广义的文化包含教育活动,通常意义上的文化,与教育成交叉关系。在新的形势下,开展学校文化建设要应对经济社会发展对教育的新期待,主动引领社会文化发展。

（二）学校文化体现教书育人的特殊性

学校文化是一种特殊文化,具有自身特点,与其他行业文化有所不同。各行各业都可以有本行业的文化,经济部门的文化突出富民,政治机构的文化突出民主,文化领域的文化突出文明,社会组织的文化突出和谐等。企业文化重在创造利润、占领市场、形成工业化、商业化团体,同时提倡双赢、多赢,回馈社会。社区文化注重提高居民素养,鼓励利益共存、相互帮助、绿化美化、门户安全。村镇文化注重改变农村相对落后状况,提高农民文化修养,促进社会主义新农村建设。学校文化是学校全体成员在教育教学和管理实践中逐渐积累和共同创造生成的价值观念、思维模式、行为方式及其活动结果,其以具有特色的学校精神、学校制度和物质形态为表现形式,影响和制约着学校全体成员的思想和行为。学校文化可以分为理念文化和具体文化,理念文化突出学校的办学思想、办学价值观、学校精神、校风、教风、学风等;具体文化包括课程文化、网络文化、制度文化、物质文化等。学校文化建设具有自觉性,有目的、有意识地进行建设;具有集中性,集中于一定年龄、一定场所进行传承;还具有有效性,有专人引领,有经费支持,可广泛传播优秀文化,整体提升国民素质①。

二、学校文化建设的基本原则

依据学校文化内涵及其逻辑体系建设学校文化,需要把握以下几个原则。

(一) 学校文化建设的系统性原则

学校在文化建构过程中要遵循系统性原则,使各种文化表象各归其位,并把握其本质;要关注各种学校文化类别的系统性,厘清其生态逻辑关系,从而使各种文化相互促进形成整体。此外,学校在文化建构过程中,要注重发挥家长和社区文化的作用,注重相互借鉴,相互渗透,形成相互认同的学校文化体系。

(二) 学校文化建设的历史性原则

任何一种文化的形成都具有其历史性特征。从组织诞生开始,组织文化就同时诞生,并随着组织的发展而发展。学校文化也具有历史性特点。因此,学校文化建设过程也是学校文化自我完善的历史过程。由于学校文化建构与学校的领导者和管理者有着重要关系,学校管理层的变化常常会带来学校文化的演变。学校管理者交替过程中尤其要注重学校优秀文化的传承与发展,注重学校文化传承与创新的结合,形成既有发展又一脉相承的学校文

---

① 王定华.试论新形势下学校文化建设[J].教育研究,2012,(1).

化发展路径。

（三）学校文化建设的教育性原则

学校文化建设在遵循其文化建构规律的同时，要遵循教育性的建构策略。学校是育人的地方，教育是学校一切工作的出发点和归宿。学校文化建设的基本功能就是服务学校的教育功能，这是学校文化教育性的特殊属性。学校文化教育性的核心是学校思想认知文化的教育性，即学校的文化价值取向、办学思想和理念是否遵循教育规律，是否遵循学生的成长规律，是否把学生的全面、协调和持续发展作为办学宗旨，这些教育文化的思想认知决定了学校文化建设的发展方向，是学校文化是否坚持了教育性原则的认知基础。此外，学校外显的行为和符号文化也是学校文化教育性的重要体现。学校教师的教学行为是教师文化的重要组成，教师教学行为是否关注个性发展、关注全体学生、尊重学生成长和认知规律等都是教师文化教育性的体现。学校的课程文化、管理文化等各个方面也都是学校文化教育性的载体，需要坚持教育性的价值追求。学校文化建设的教育性还体现在学校校园环境的硬件建设上，让学校的建筑、装饰更加适应于学校教育的需求是校园环境建设的根本宗旨。因此，学校在校园环境文化建设中应注重教育的适应性，避免把简单地追求校园豪华和现代作为环境建设的主要目标。学校文化失去教育性也就失去了学校文化的根本，失去了学校文化的生命力。

（四）学校文化建设的内生性原则

学校文化建设的核心是人和人的思想认知，也就是学校师生的思想认知。学校文化建设的这一特征决定了学校文化建设的内生性原则。近年来，一些学校习惯于借助外部文化公司帮助学校包装外部文化系统。虽然这些文化公司能够较为系统、专业地帮助学校建立一套相对完整、视觉效果较好的文化系统，但如果这种包装缺少了学校教师甚至学生和家长的参与，那么这种学校文化建构只能是一种表面现象，不能真正成为学校师生内含于心、外显于行的文化系统，这种学校文化将缺少生命力和发展能力。学校文化建设要注重发挥学校内部师生的共同参与作用，学校文化建设是师生共同学习、继承学校优秀传统文化，与时俱进不断提升的过程。学校文化建设也是学校教育者教育思想和价值观内化外显的过程。因此，内生性是学校文化建设的重要特征和实践原则。当然，学校文化建设在以内生性为主要渠道的过程中，可以借助外力，聘请专业机构指导学校系统构建学校文化体系，激发内生性文化基因，促进学校文化的系统构建。

（五）学校文化建设的生成性原则

学校文化的载体是教师和学生，学校教师和学生的流动性与发展性决定了学校文化建设不可能一蹴而就，而是一个不断发展的生成过程。学校文化建设应遵循学校文化生成性原则，为师生参与未来学校文化发展留有空间，提供学校文化生成的制度和机制[1]。

第二节　以"船"为媒：打造个性化的学校文化

学校文化建设的内涵是丰富的，切入点也因为设计者和实施

[1]　杨志成.学校文化建设的结构与建构[J].中国教育学刊,2014,(5).

者的思路视角之不同而形式各异、风骚各领。但是,学校文化的建设又不是盲目的,必须紧紧围绕学校的中心工作,也就是"育人"展开。这也就意味着,学校之中的文化建设,与学校其他领域的教书育人工作是相辅相成的,二者具有目标上的一致性和体系上的关联性。正如华东师范大学叶澜教授所言:"当今学校文化建设十分现实和重要的任务,不是回避或以精神否定财富的方式来形成学生积极的人生态度,而是要从财富与精神、幸福人生关系的意义上,帮助学生形成健康、积极的人生观和生活方式",这充分说明,学校文化的建设应该坚持以人为本的导向,应该通过文化建设实现人的成长与发展,应该充分发挥师生在文化建设过程中的主体地位,彰显文化建设的内生性特征。在推进学校文化建设的过程中,我们正是遵守这一基本原则,从不同角度,设计和生成学校独有的文化标识,打造富有文化气息的中北一小。

一、构建知人善任的用人文化

管理的核心是用人,知人善任是管理者的必备技能。"善用人者事必兴"这是学校工作的一条基本规律,而构建"知人善任"的用人文化更是学校教师队伍建设的基础。

(一)识人之眼

"知人"才能"善任",而至"兴业"。只有正确地认识每一位教师的长处和缺点,准确地把握整个教师群体的优势和不足,才能扬其长,避其短。平时,学校领导采取多种方法,通过多个途径全面了解教师,通过家访、谈心,了解教师的思想状况,发展要求;通过听课、评课,实践指导,了解教师的专业能力;通过开展"教学基本功评比、教学展示、课题研究"等活动,了解教师的综合素养,摸清师情为用好人才奠定基础。

（二）招才之术

随着"校长负责制"、"教师聘任制"的实施,校长是不是有招才之术,在一定程度上决定了这一所学校师资状况的优劣。校长思贤若渴,待人以诚,重用贤才的言行对教师是极大的鼓励和尊重。同时,人才竞争中的待遇机制,也是人才流动的平衡机制,为了进一步引进、培养和稳定骨干教师队伍,在学校有限的人力、物力、财力条件下,做到人尽其力、财尽其用,育好人才、用好人才、留住人才,逐步建立一支符合素质教育需要的师资队伍。为此,我们从两校合并的实际出发,几经酝酿制定了学校各级骨干教师认定标准及骨干教师奖励基金分配方案。通过分配制度的改革,引进、培养和稳定骨干教师队伍。两校合并,尽管很多学校垂青于我校的骨干教师,频频抛出橄榄枝,但学校不但很快稳定了骨干教师,而且还从外区引进了 2 名主学科骨干教师。

（三）用才之道

每一位教师都希望被认可、被赞扬、被发现、被重视。在教学管理过程中,我们要充分考虑每一位教师的成就需要。不以同一目标培养教师,不以同一目标评价教师,使每位教师都有尝试成功的机会,每位教师在不同的工作层面上都有尝到成功的甜头,显露身手的空间。同时,人才的鉴识、招揽、培养的目的在于使用。"大胆使用、合理使用、爱护使用"让教师在实践中增长才干,在岗位上大显身手,在关怀下健康成长是用人之道的核心。合理使用人才就是要扬长避短,实现人尽其才,才尽其用。例如,我校陈燕老师是市级骨干教师的培养对象,多年的英语教学实践为其积累了经验,为了充分发挥她的特长,笔者作为学校管理者,请她带教英语骨干教师和负责学校双语教学的开发与研究。而作为校长的我,则把采撷的英语教学改革和发展的信息,积累的科研和管理经验,通过事先提点一些,遇到困难帮助一点,事后发扬一点的方式来渗透管理和发展要求,以此调动他的积极性、主动性和创造性。

二、构建同舟共济的团队文化

现代学校犹如一部结构精密的机器,不仅需要性能优良的零部件,还要将这些零部件进行科学有效的组合,形成相互促进的"同频共振"效应,组建学校的"人才集团"。学校团队精神是一所学校向心力、凝聚力的体现,是学校整体战斗力的体现,是学校赖以生存和发展的精神支柱。因此,两校合并,构建同舟共济的团队文化是学校发展的关键所在。

(一) 面对问题,寻找载体

石泉转制小学的并入,打破了学校原有的"宁静",也让我们不得不重新思考学校的办学定位和发展方向。基于对现实的分析,我们提出了强强联手、打造品牌的发展理念。然而,如何达到这一目的,发挥出 1+1＞2 的效应？突出的问题就是团队的凝聚力建设。

长久以来,赛龙舟是我们喜欢的传统活动项目,这一团体活动透视出集体的力量以及人与人之间协作精神的重要性。一支船队就是一个小团体,团体中的每个人团结协作,龙船才会快速前行。反之,没有团队精神的集体就像一盘散沙。即使用力攥在手里,沙子也会一点点从指缝中滑落。魏中乔的《公司船》给了我们启示。如何借鉴船理念，学习船文化，塑造优秀团队？教师们人手一本《公司船》，学校制订了相应的学习计划和活动要求，并要求各组室策划相应的活动主题，一簇簇思维的火花在彼此探讨中迸发：学习《公司船》，争做好船员；学习《公司船》，争做好舵手；"同舟共济，打造中一，做高效优秀型的教师"……"船"载着"中一"教师，乘风破浪，正驶向理想的彼岸。

（二）学习解读，提高认识

集体学习、分组交流、主题论坛、专题研讨……为了有效地开展此项活动，党支部书记亲自制作演示课件，写教案，为教师们上党课，谈自己的学习体会。老师们也积极参与，认真学习，相互交流，撰写体会。从各自的岗位出发，用自己的真心、真情，写下了一句句感人肺腑的话语：

> 每个人的一生中都要经历一段刻骨铭心的航程——在风平浪静，或是波涛汹涌的海面上，一条或大或小的船载着你和一些同道的人执著地前行，船的命运就是你的未来，船的方向亦是你的人生。船在水面上且浮且沉，需要舵手与船员的操纵与掌控；船在风浪里亦进亦退，关键在于舵手与船员能否给予它足够的动力……
>
> 无论你是舵手（校长），还是船员（教职员工），如果将"公司船"当作一种共同的理念，那么，你就会感受到，同舟之上的人，其利益、风险是同在的，这就是教职员工与学校的共赢之道——学校利益的最大化即个人利益的最大化……

走进《公司船》，教师们在这个充满智慧的寓言故事中寻找自己，老师们在学习中认识，认识在交流中提升：建立一段快乐和谐的航程，建立一个快乐和谐的新团队，需要每个教职员工的努力，只有大家齐心协力在自己的岗位中发挥睿智，才能达到理想的彼岸。

（三）同舟共济，共谋发展

将"学校"与"船"的概念结合在一起，当它们连缀成一个具象的词时，就激发了教职员工无穷的想象力。教师们意识到"同舟共济"不再是一个口号、目标、希望或者钉在墙上的标语，它已成为学校团队建设的目标和认同的价值观。

在学习船理念的同时，校长带领教师们共谋学校发展之路，大家一起分析校情，梳理学校发展的优势和不足，制定了学校新一轮的发展规划、确立了学校重点建设项目。教师们也在学习和实践中反思自我，发现问题，寻找前进的方向，制订了个人三年发展规划，努力向优秀教师、星级教师迈进，争做高效优秀型"船员"。

百人百心不成一事，百人一心万事可成。通过"船文化"系列活动，学校的凝聚力大大提高，学校不仅在两校合并中平稳过渡，初步形成了和谐共处、彼此信任、相互帮助的"同舟共济"团队文化，同时，我们的教师、学生、教师团队在各项评优活动中频传佳绩，为校园的和谐发展奠定了扎实的基础。

三、构建人文科学的制度文化

实践表明，符合教育规律、行之有效的规章制度的建立和完善，可以发挥积极而特殊的育人作用，较好地形成群体规范和团队协作精神。然而没有文化行为的改造,学校制度将呈于形式,浮于表面,难以持久与深化。因此,两校合并,我们认为:既要注重学校制度体系的建立,更要重视构建科学性和人文性协调发展的制度文化以保障教师队伍的和谐发展。为此,我校在制度的制定和执行过程中努力做到如下要求。

（一）讲求全面性,注意系统、配套

管理科学有条法则,"小智善于治事,大智善于治人,睿智善于立法",围绕建立科学规范、自我约束的运行机制,我们制定了《学校章程》,又依据《学校章程》,建立了《部门工作制度》《人员岗位职责》、《质量考核制度》三大体系,力求以制度管好权,以制度管好事,以制度管好人,以制度保障学校组织的健康运作。在制定和实施学校内部管理制度时,我们特别重视制度的全面、系统和配套。例如在《质量考核制度》体系中,我们不仅制定了《学校奖励基金分配方案》,还根据方案中所涉及的考核内容制定了相应的考核标准和考核办法,并将考核标准细化为具体详尽的考核表,做到可行、可检、可操作。

（二）讲求科学性,注意规范、合理

在制度的制定和实施过程中,我们一方面以教育法规和先进的教育理论、管理理论为依据,遵循教育、教学规律,力求符合教师的劳动特点、心理特点以及学生的身心发展特点;另一方面,我们亦重视教职工的认可和接受度,力求制度能反映集体的意志,大家经过努力能达到的要求,因此,我们把"实际中来,回到实际中去"、"群众中来、回到群众中去"作为制度实施和制定的依据,增强大家在制度制定时的参与程度和执行时的可行性。例如,我们在制定和讨论学校《教学常规制度》时,教师们认为:用同一标准衡量各学科有失偏颇。于是我们采取自下而上的方法,酝酿、制定和讨论通过了学校各学科的评课标准。

（三）讲求人文性,提高执行力

社会不断进步,人文文化日益凸显,在人自身的价值、生命的意义备受关切的今天,在执行制度的过程中,更应做到"目中有人",用真诚的人文关怀,来凸显师生的生命价值,提高制度的执行力。我们主要通过以下三方面措施提高全体教职员工的执行力。一是构建制度执行运行体系。通过提高制度执行的能见度、建立行为体系和监督、评估体系,解决做什么、怎么做和做得怎样的问题。二是保障制度执行体系有效运转。即围绕办学目标,编织覆盖全校各项工作的责任网,以责任保障各项工作的有序运作。三是坚持管理的人本性。通过多种途径、方式、手段使教职员工的个人发展与学校的发展目标相统一,产生新的激励和内超力,进而成为自觉行为,形成以"追求卓越"为精神支柱的学校执行文化。

四、塑造勤奋、规范、智慧的育人文化

近年来,我校在"合作关爱、和谐发展"办学理念的指引下,采取多项措施,努力打造一支能爱岗敬业,为人师表,能勤奋教书育人;遵守原则,遵循规律,能规范教书育人;专业发展,与时俱进,能智慧教书育人的教师团队。

（一）师德为先,提升教师的人格魅力

1. 读书品习,修身养性,以"学"养师德

我们向教师推荐《细节决定成败》一书,引导教师做人、做事、

做管理，一定要注重细节，从小事做起，把小事做细，精益求精，使学校各项工作有格、有序、有方、有效地发展。我们组织教师学习《公司船》，弘扬高效团队的船理念，同舟共济的船文化，增强教职员工的使命感，提升团队的凝聚力。《做最好的老师》、《窗边的小豆豆》、《可以平凡不可平庸》……以"学"养德。一本本好书为教师成长提供了精神食粮，给教师带来了智慧的力量，促进了教师教育思想、观念的转变，增强了教师的事业心和责任感。

2. 建章立制，主题实践，以"规"约师德

根据《中小学教师职业道德规范》的要求，我校紧密结合实际，制定了《教师师德规范》、《教师一日常规》等制度。为了引导教师践行师德规范，学校开展了"做人民满意的教师"、"师爱在这里闪光"、"同舟共济，打造中一"、"岗位承诺、岗位争先"等主题活动，鞭策教师以"学生、家长、社会"满意为标准规范自己的育人行为；要求教师用"爱心"、"细心"、"精心"灌溉祖国的幼苗；引导教师在教育生涯中建立一段快乐和谐的航程，营造一个快乐和谐的团队，齐心协力达到理想的彼岸；激励教师在岗位上履行承诺，发挥各自的睿智，共同努力践行……系列主题活动不但促使教师们践行了学校师德规范要求，也提升了教师的实践魅力。

3. 党员示范，榜样引领，用"心"扬师德

学校开展了"党员示范岗"、"十佳爱心教师"、"温馨教师"等评选活动。一个党员一面旗，充分发挥党员的示范、带动、辐射作用，使党员教师100%成为市、区、校教育教学骨干，逐步建立了语、数、外、班主任等党员示范岗。学校将评选的过程作为提升教师岗位践行品质的过程，引导教师以优质标准提高岗位践行的成效，组织学生、家长、教师共同参与评选活动，扬师爱典范，树中一教师新形象。系列活动涌现出一批魅力教师。有获得普陀区"我心目中

的好教师"评选金奖和 2009 年上海市模范教师光荣称号的"魔力教师";有被评为区十佳优秀班主任提名奖、区教育系统师德标兵、市"温馨教师"三等奖的获得者沈晓菁……

（二）项目培训,提高教师的教学技能

我校内以"立足自培,内外结合"为指导思想,依托学历进修、240 培训、以及学校组织和教师自主选择相结合的校内外培训,综合提高教师的教学技能,促进教师专业化发展。

1. 组织传统教学基本功培训,夯实教学基本技能

我校一方面着力提高教师教学的基础基本功,提出了备课、上课、批改作业、考试、辅导等基本要求。开展教师"三字一话"的基本功比赛,即说一口准确、流利的普通话,写一手规范漂亮的粉笔字、钢笔字和毛笔字。另一方面我们还着力于提高教师的学科教学基本功。我们除了以专题讲座的形式指导教师如何掌握和运用学科的特色语言、学科的教学方法、学科的教学技能(包括演示、板书、教学仪态、学法指导)的能力。

"做强英语,实验双语"是我校打造英语强势学科的发展战略。为了提高各层级教师的英语素养,我们让市级名师培养对象陈燕老师对全体教师开展"世博英语、课堂用语、日常口语"的培训;邀请市英语学科专家朱浦、王珏老师对我校英语和双语实验教师进行《与英语课程同行》、《双语教学实验与思考》等主题培训;借助培训机构的外籍教师对全体教师开展了《中西方文化差异》、《西方礼节》等主题培训。系列培训,教师们的英语素养普遍得到了提高,目前,英语学科教学队伍中,具有研究生以上学历和高级职称的人员比例逐年增加,教师队伍的专业化水平有了较为明显的提升。

2. 开展现代教育技术培训，培养教学创新技能

我校以提升教师信息技能为抓手，充分利用校内外资源，自编教材，采用"项目推进，任务驱动"的模式对教师进行培训。在由张捷、朱蓓洁、冯凯为核心组成的辅导团队的指导下，有一定基础的老师以"识字网站、宇航网站、民族文化、名人网站"等项目为任务组建开发小组，其他教师则以个人网页制作、教学课件制作等任务为驱动，在培训、制作、互动交流、合作分享中学习提高。我们还借助外脑，依托华师大在职人员信息技术培训项目，教育学院的英特尔未来教育培训等专业机构，对教师进行了多媒体（中级）制作、英特尔未来教育 7.0 版本的培训。五年前我校还有很多教师是"电脑盲"，即使使用电脑，大部分教师也局限于 word 的文字输入，现在，我校每位教师都能自己制作课件，都能熟练地运用 ppt、flash、Photoshop 等软件制作课件，制作个人网页。60 位教师还获得了多媒体制作中级证书、58 位教师获得了英特尔未来教育 7.0 证书。我们正在使用的集管理、资源、互动、交流为一体的学校网站、童心快乐园等项目都是由我校教师自主开发、研制的。

3. 设计特色项目培训，培养教学综合技能

开展满足学校发展需要及教师个性需求的主题模块培训活动，是我校开展教师育人技能培训的又一抓手。每学期，我们结合学校的课程改革的研究主题，开展了微短型课程、德育校本课程、练习设计、英语会话等一系列主题项目的培训。在培训和指导教师开发"民族文化"德育校本课程时，我们首先带领教师们梳理和架构了由"民族文化、民族艺术、民间工艺、民间体育、民族英雄"五大体系构成的校本课程结构。然后指导教师怎样制定课程目标、开发课程资源、撰写教学案例……最后我们又组织和指导教师在实践、交流、合作分享中不断完善课程内容。在组织教师进行"练

习设计"的主题培训时,我们以"减轻学生的过重课业负担"为目标,指导教师采用"点"上突破、"巧"上探索、"趣"上调控、"展"上延伸的策略,设计课堂练习、课后练习、系统练习,从而帮助学生提高课堂即时效率、巩固所学知识、构建知识体系。

（三）课题研究,提升教师的专业智能

我们积极支持、鼓励和组织教师在实践中寻找课题、研究课题、开拓创新,超越自我。

1. 发展项目课题化

近年来,我校以"打造一个品牌,做强一门学科,发展各育特色"作为提升学校核心竞争力的重要抓手之一。为了提高项目研究的科学性、针对性和有效性,我们将项目建设课题化。例如:在推进学校"以信息化推动学校管理、教育、教学呈跨越式发展"的品牌项目研究中,学校分别向中央电教馆、世界教科文组织联席学校华东师范大学、上海市教育科研所申领了《专题学习网站与课程整合,构建"探究型"学习模式》、《信息技术与少先队工作整合,发展学生自主管理能力》、《依托教研平台,重构教研文化》、《基于moodle 平台的教育科研师训课程开发的研究》等系列课题。在"做强英语,促进各科协调发展"的项目研究中,我们首先制定了《点、线、面链式做强英语,发展双语》的研究方案,参加了《中国基础英语素质教育的途径和方法》、《应用一百易学习资源促进学生有效学习》两大国家级课题的研究……依托课题的研究,我校的重点项目发展亦不断跨上新的台阶。

2. 研究过程专业化

在课题的研究过程中,我们一方面与高校和专业团队建立研修的合作伙伴关系,另一方面聘请专家手把手地指导教师科学而规范地开展研究活动。在各项课题的研究和推进中，我们积极依托中央电教馆、华师大、北师大等高校的专业机构，力求在专家的引领下，提高研究的前瞻性和科学性。2008年，特级教师祝庆东的科研工作室基地设立在我校，我们抓住机遇，选拔两名骨干教师与祝老师结对，力求通过跟岗式的实训研究，提高科研的专业能力；邀请祝老师为我校全体教师开展了《教师如何做课题研究》、《如何选择适切的研究课题》、《如何开展师训课程研究》等一系列辅导报告；聘请祝老师担任我校课题研究的指导老师，指导课题研究的重点环节，把握研究的内容，梳理研究的成果。在祝老师的指导下，教师们对怎样选择研究课题、怎样建立课题研究档案、怎样撰写研究方案有了更深入的理解。

3. 科研成果普及化

我们要求教师人人参与课题研究，鼓励每位青年教师参加一至二个课题的研究。根据每位教师的特点和特长，采用"自主申报和统一调配"相结合的办法，组成了若干研究小组，以课题为抓手，由分管领导和学科骨干领衔，组织教师们共同学习，开展实践研究。分管领导则发挥计划、组织、协调、评估等职能，为教师创造条件，搭建舞台，引导教师在实践中有效研究。在实践中，教师们积累个案资料、做好课题研究的数据分析、撰写研究案例。随着研究进程的推进，我们一方面通过"培养一批人，推出一批人，聚合一批人，带动一批人"的策略不断壮大研究队伍，另一方面我们及时将教师的研究成果辐射、推广，以期带动教育、教学实践的有效性。目前，我们向上海市教育科学规划研究所申领并成功获得立项的《基于moodle平台的教育科研师训课程开发的研究》的课题研究，就是要将骨干研究的成果以师训课程的方式呈现出来，指导教师实践，带动更多的教师提高实践能力。目前我校100％的教师参加了校级科研课题研究,教师均能有意识地将科研成果运用于课堂实践。45％的教师参加区级以上科研课题的研究,其中41位教师取得一定的研究成果,他们执教的课堂教学,撰写的研究案例、论文,制作的网站、课件分别获得全国、市级各类科研比赛等第奖。学校获得中央电教馆课题研究先进集体的荣誉称号。

（四）多管齐下,打造团队领军人物

培育"领头羊"的深远的意义,在于通过"领头羊"塑造一支优质的团队。因此,我校在组建年级组和教研组时,充分考虑学科研究骨干和学科管理骨干的协调融合,旨在通过交互搭配,激发群体的智慧。一方面我们要求每个行政人员做到"三个一",即亲临一个班级教学,深入一个年级组指导,抓好一个分管的条块工作。要求他们在专业能力发展上面做到两点:其一,在学科、学术、学问上有所建树;其二,在指导、研究、评价上有专业能力。另一方面学校还将各学科、各层次的专业骨干有机地、均衡地分布到各个教研组。这样就使学校在教师专业团队的打造中掌握了"权威的"、"专业的"话语权。此外,我们还将骨干教师与青年教师结成教育教学合作伙伴关系。通过"教师自选、学校协调、互相认定"的程序,建立教学伙伴关系。让青年教师在实实在在的教育教学实践中感受骨干教师的敬业精神,汲取实践经验。

同时,学校还成立了讲师团,向外省市来校跟岗培训的教师和领导,市内、区内的兄弟学校传授经验,发挥中心校的示范、辐射作用。我们与管弄小学签订了交流合约,定期分享教育、教学改革的实践和成果;接待了来自深圳、青岛、大连、常州、佳木斯、江西、都江堰及宝山、崇明等地区的校长和教师的跟岗培训;与英国的阿丁厄姆小学,澳大利亚昆士兰的普盖学校建立了友好合作关系。

五、构建合作共享的教研文化

随着信息技术的迅猛发展，网络资源的情景再现、多重交互和资源无限性促使我们反思教研活动的方式，因此，运用网络功能，打破时空限制，改进教研方式，构建"资源共享、多元对话、合作共营"的教研文化是教师队伍建设的核心所在。

（一）整合资源，重构流程，优化教学设计

我们通过"自主开发、整合利用、交流推优"三项措施不断丰富、完善教学资源。为了建设好教学案例资源库，假期中，我们通过适当分工、安排，提前备好每个科目的每一节课，并把教学设计上传，供大家参考。其他老师可以随时吸纳、整合大家的建议，并根据本班实际进行二度设计后再上网交流，形成了"基本备课——网络教研——二度设计"的良性互动。沈晓箐老师说："这种没有时间限制，没有空间约束的集体备课充分、有效，使教师们的教学成果得到了共享，教学个性得到了培养，教学差异得到了互补。"潘琴芳老师说："网络集体备课让我感觉学科备课正沿着一条螺旋式上升的发展线路，驶进了优质备课的快车道。"

（二）多元对话，共享交流，提升教研品质

通过教研平台，让教师的教育理念和人生经验超越时空地交流、分享和传播；借助教研平台，让教师与课程改革的决策者、引领者、设计者与实施者实现多元对话；利用教研平台，有组织地引导教师开展主题论坛，汇集精华，提升教研品质是我校构建交流平台的目的所在。在教研平台上，每个人都可以畅所欲言，交流感受、

发表意见。教研平台的"幕后性"使大家少了拘泥，多了畅所欲言的酣畅；少了做作，多了专注研讨的平和；少了顾虑，多了"不惧权威，坚持真理"的率真。集体备课、小组研修、专题论坛、视频观课、评课……教师们依托网络教研群策群力，亮出观点，提出困惑，分享经验。徐秋敏老师说：视频观课就像一面镜子，让我实实在在地看到了发生在课堂里的事件，它促使我用审视的眼光看待自己的教学……吴俊毅老师认为专题论坛让对同类问题有过经历、有过研究的老师互相探讨、交流，对改进课堂教学很有帮助……陈菁老师认为教研论坛大有百舸争流、百家争鸣之势，它凝聚了更多人的智慧，使每个参与研讨的教师都能从中受益。

（三）协同发展，优势互补，打造学习共同体

尽管网络教研有着传统教研无法比拟的优点，但却不能因此而完全抛弃传统教研。因为经过这么多年的积淀，传统教研有着网络教研无法实现的优势。如何统整传统教研与网络教研，使之相互补充，互为完善，实现优势互补是我校网络教研管理的焦点。为此，我校不断探索、寻求校本教研模式的最优化。每学期，我校各教研大组每月围绕一个专题，在"网络化集体备课"、"视频观课、磨课"、针对重点或有争议的教学环节再设计的基础上，利用传统教研优势开展了现场的实践交流。活动中，老师们纷纷将自己的教学设计化为实践行为，交流、观摩、探讨。现场活动之后，主讲者、执教者及时把讲稿、教案、实录、反思上传到网站的"互动平台"上，将有限的现场交流延伸到无限的网络研讨中。这种"一个课例，五次研究"的教研方式，使校本研修逐步成长为群体合作的学习型组织和行为改善的实践共同体。

第三节 未来展望:从学校文化到文化学校

自 20 世纪末起,全世界范围内逐渐弥漫着浓郁的"文化情结":文化反思与建构。人类开始回顾历史、检讨得失、憧憬未来、构建理念。人类的批判和超越的本性正导引着人类走向理想的自由之境。在这样的背景下,学校文化的建设日益受到重视。从本章之中第二节的分析,我们认为,笔者所在学校的文化建设,从其过程看,学校各领域文化理念的提出以及构建,均是经过师生的反复讨论协商,凝聚了师生的共识,最终成为师生共同认可的价值追求;从其立场看,学校各领域文化的构建,始终围绕着学校的中心工作,也就是教书育人开展,这也就使得学校文化的建设与学校其他领域的改革与发展融为一体,具有极强的生命力;从其方式看,学校文化的构建,深刻地分析了学校发展面临的现实问题,做到了"一切从实际出发",这就使得我们提出的学校文化能够真正起到促进学校发展的积极的能动作用。然而,我们认为,学校文化的建设是无止境的,是动态的,学校文化建设的最终指向应该形成文化学校,应该将学校真正打造成为一个充满文化意蕴的场所。

一方面,我们认为,学校教育是极富人性的领域。从文化的角度看,学校教育蕴含的是人类精神,即教育的文化精神。而且,学校教育与文化之间存在着密切的内在联系,文化是学校的最本质特征。"学校教育"本身是文化的一部分,是一个特殊的高级文化体。学校教育与文化内在关联,精神相通。文化实质上是"教育"意义的积累、延伸,作为某一群体共享的意义体系,任何的文化发明、发现,只有通过教育,才能广泛传播,从而形成群体观念,获得社会共享,演变成文化,而且文化要一代代地传下去,一代代地发展延续。因此,文化注定要把教育作为生命的载体。也就是说任何文化得以形成发展,首先必须具备教育这一作用机制,并随其发展建立一种相应的教育体系,赋予同质的教育性能,利用教育来发展文化,实现传承和整合。没有教育,就没有文化,教育是文化产生发展的不可或缺的因素和部分。因此,我们认为,文化与教育二者精神相通、内在关联。从本质上讲,文化的作用、机能和要实现的目的与教育是同质的。文化的机能往往也同样是教育应担负的使命,甚至有些是教育本身的直接功能①。

另一方面,我们认为,当代文化研究充满着争论,其核心指向是"文化是什么"——这一最为核心的领域。荷兰哲学家冯·皮尔森结合时代致力于拓展文化概念并使之动态化的观点,对我们形成当今的文化观十分富有启发。他指出:目前人们正在经历加速发展步伐的历史时期,文化的研究应"着眼于未来的文化策略",这是他的研究在价值取向上与其他人的差异,即由过去转向未来。在此取向指导下,皮尔森把文化概念拓展为"人对周围力量施加影响的方式",于是"文化"成了人的生存方式的同义语。这个改造拓展了文化的内涵,改变了对文化下定义的视角,即不从历史积淀的角度,而从人与周围世界相互作用关系的角度,对人类所特有的文化现象进行普适性概括②。根据皮尔森的观点,文化不再是单纯的创生物,不再是人类脑力劳动和体力劳动的作用对象,而是成为了人本身,成为了人的正常的生活方式。从这个角度出发,人与文化是合一的,人的生活即是文化,文化即是人的生活。特别是身处

---

① 周亚萍. 论作为文化的学校教育[J]. 教育导刊,2013,(1上).

② [荷]C·A·冯·皮尔森. 文化战略[M]. 刘利圭,等译. 北京:中国社会科学出版社,1992.2,17.

特殊的文化环境——学校之中的师生，他们的人际交往，他们的生活方式，他们的思维观念和行为习惯，其文化特征与文化属性更加明显，这也就意味着，文化理所当然地应该成为学校的显著标志，成为师生的生命特征。

从这个角度出发，学校不应该把单纯的文化建设作为发展的终极目标，从文化的视角讨论学校发展问题，其终极的指向应该是建成"文化学校"。着眼于笔者所在学校的文化建设，下一步的工作中，我们将进一步挖掘"船文化"的精神价值，特别是致力于讨论和探究"船文化"与学校办学理念——"关爱合作"之间的关系，明确二者的精神实质和共生共荣的可能性机制。更为重要的是，我们要持续推进文化学校的建设，让我们所倡导的文化成为师生的生活方式。在文化学校之中，我们将不再拘泥于零散的学校文化的打造，而是倡导一种和谐共进的氛围，让这种氛围充斥到学校工作的各个角落；在文化学校之中，文化不仅将成为师生的价值认同与价值追求，更能够成为师生的生活方式，文化自觉成为师生的新常态；在文化学校之中，学校物质文化、精神文化、制度文化、师生文化以及其他任何形式的文化，都将不再是孤立的存在，而是你中有我、我中有你的和谐共生状态，他们之间不再有明显的分界线，而是共同存在于学校倡导的核心价值体系之中；在文化学校之中，学校的管理将不再依靠管理者的行政权威或者相关的硬性的制度保障，学校的发展将成为一种文化浸润和使然的自然而然的理想状态。

第九章　以规范管理为依托，
提升学校发展的保障力

　　当前,学校最需要做的变革就是"从他治到自治,从依附
到自主"。"自治"是相对于过去单一主体的政府"他治"而言
的。学校自治是指构建新型的政校关系,推进政校分开、管办
分离,政府简政放权,改变直接管理学校的单一方式,减少不
必要的行政干预,切实落实学校办学自主权,使学校真正成为
独立的办学主体,能够自主管理、自主办学。简政放权的重点
是政府向学校放权,让学校能够自主发展。

——褚宏启(北京师范大学　教授)

　　学校管理是搞好教育教学的根本,缺少健全的管理体制,教育
资源的价值就难以得到充分的发挥,学生学习的积极性和主动性
就无法充分地调动,教学效果就无法保证。无论学校的物质条件
如何,也无论学校师资水平状况如何,学校的管理理念及其具体实
施状况决定着这些条件的利用和改造及其价值的充分发挥。科学
的管理理念可以促进学校超常发展,而不合理的、滞后的管理理念
则会造成学校现有条件价值的消解,由此,认真研究科学、规范的

学校管理理念与方法,是实现学校内涵发展、提升学校教书育人质量的关键性问题。

第一节　走向规范:现代学校管理的必由之路

学校管理的规范化是以教育教学规律为依据、以学校管理的特殊性及适应经济发展需要的前瞻性为着眼点进行的系统设计而获得的管理体系。学校管理的规范化,将改变我国中小学学校管理中的随意性,避免因学校管理的随意性所造成的各个学校各行其是,唯主要领导个人意志为重的学校管理的混乱局面。将学校的管理纳入国家政策方针的规范中,纳入教育教学规律、学校管理规律以及社会发展需要规律的适应性的调整中,使学校与社会建立起稳固而直接的联系,使国家意志行政通达从而奠定学校管理走向现代化的基础。这是教育转型期学校的职责和所承担的历史责任,是学校生存和发展最基本、最重要的要求,也是学校迈向现代化的必由之路①。

学校管理的规范化,涉及的工作很多,这其中既有学校管理理念的规范化,也有学校管理行为的规范化。应该指出的是,现代学校管理置身于复杂多变的社会环境之中,社会的转型发展带来了管理理念与方式的极大挑战,实现学校管理的规范化与科学化,必然应该对学校整体发展以及基础教育整体改革与发展所面临的现实问题进行科学的把握,对社会转型、教育发展对学校管理带来的新挑战有明确的认知,对当下基础教育各学校的管理思路有明确

---

① 张继平.学校管理的规范化与模式化[J].教学与管理,2010,(12).

的设计。

一、当代学校发展面临重大环境变化

改革开放三十多年,是我国经济社会发生转型并加速发展的重要时期。迄今为止,这样的社会和文化转型仍在进行之中。按照社会学家的描述,转型社会的基本特征主要有:一是从传统"统一"而"有机"的社会,转变为缺少主导文化统整的非有机社会。瓦尔特·本雅明上世纪 30 年代用文明的"断片"甚至"废墟"描述西方社会近现代的特征,并用"马赛克式的组合"来形容和隐喻文化和文本,这在今天的中国仍具现实意义。二是从传统社会的"和谐"演变为现代社会的"冲突"。各种利益、集团、阶层和文化相互之间的博弈频繁,"冲突"从偶然变为常态,和谐成为一种社会理想。三是从传统社会的"稳定性"转变为缺少确定性的风险社会。如果说过去我们还可以依靠经验、传统和惯例等对未来进行较为有效的预期的话,那么今天的社会发展和变化则处处呈现"测不准"的迷茫和困惑。

作为经济社会发展的重要组成部分,学校教育也同样处于转型社会的重大变革之中,面临着日益复杂的变化。

(一) 教育需求新旧并存

如今,我们既面临着传统教育需求的不断增长,如"分数本位"、"应试教育"、"读书做官"等仍然是一种普遍性需求;同时也面临着现代教育需求的不断涌现,"能力本位"、"个性发展"、"创新品质"等不断呼唤学校教育的变革。

（二）政策环境新旧交织

旧的教育政策和制度仍在发挥重要的惯性作用，新的教育政策和制度也不断推出，虽然现在的教育政策环境有了很大改善，但仍缺乏稳定性，有的改革创新几年后可能就变成整顿规范的对象，这样的情况并不鲜见。

（三）面临更多的利益冲突

学校教育既要面对政府和行政的统一要求和规范，又要满足社会和市场的需要，还要充分考虑学生和家长的利益，但三者的需求和利益却常常不能融合。学校既需要面对"自上而下"的外部目标的驱动和控制，还需要建构自主面对社会和市场变化的内部驱动和控制，并妥善处理好二者之间的协调与整合。

（四）学校教育任务和功能不断扩展

学校从单一的面向学生的教育教学活动的组织，转变为拥有以学生发展为中心的教师发展和学校发展的多重任务和功能，以校为本研修制度的建立，使学校承担了更多教师教育的任务。同时，随着学校教育与社区教育、社会教育逐步一体化，学校需要更多地承担社区和社会教育的功能。

（五）管理对象和服务对象发生了质的变化

作为管理对象的学校教职员工，其学历层次、文明素养、民主意识有了很大提升，对学校管理和决策的参与要求和能力也越来越强。而作为服务对象的学生和学生家长，对学校的要求也越来越多，参与学校各项事务的意识和能力明显增强。

由此不难发现，学校教育所处的环境已从确定性较强、相对稳定、相对封闭、相对单一的环境转变为非确定性、变化较为频繁、较为开放、较为复杂的环境，这些都要求学校管理者做出积极的应对。

二、学校管理面对的多重挑战

面对变化了的环境，传统学校管理方式在管理理念、管理模式、管理过程、管理策略和管理方法等方面暴露出明显的不适应。笔者认为，传统的学校管理必须正视以下几方面挑战：

第一，学校管理除了强调对现存人、财、物、时间、空间等具体要素的管理，还需关注价值、精神、道德、需求、心理等要素。在一个充满变化和不确定性的社会，人们普遍存在心理困惑和精神迷茫，迫切需要精神和价值的定位和引领。而确立何种学校精神和价值选择，以便更好地引领师生精神成长，恰恰是决定学校未来发展的重要因素。

第二，学校管理除了强调学校内部的管理外，还需关注外部环境和社会变化，以及这种变化对学校生存和发展的重大影响。在宏观层面处理学校与外部环境的关系问题，积极应对各种变化所带来的挑战，建构自适应的组织系统，对传统学校管理学框架和视野而言是一种超越。

第三，学校管理强调确定性的目标，在此前提下，进行"决策"和"用人"的运筹和谋划。现代学校在相当程度上需要自主发展和主动发展，需要根据外部环境自主确立目标，因而有相当一部分非确定性的目标对学校具有重要价值，不过这些目标具有动态性和模糊性，需要在不断探索和研究中逐步生成。

　　第四，学校作为一种社会组织，形成了管理的等级和阶层，以执行不同的管理行为，如决策、管理、执行、评价等，泾渭分明，从而构成管理的封闭回路。这种管理模式实施周期较长、管理成本较高、管理效益较低，难以适应不断变化、需要创新的环境和任务。

　　第五，现代通讯技术尤其是网络技术已成为一种日常生活方式，从根本上改变了人类生存的空间状态。从学校管理的角度看，既实现了知识和信息的开放、交流、共享，也使学校与外部世界的分隔和屏障得以消除。可以说，面对现代技术的发展，学校管理整体性地陷入了制度盲区，"管理"面临着社会和大众的严峻挑战。

　　面对上述问题与挑战，需要从整体上谋求学校管理的变革，构建新型的学校管理。由于学校管理涉及学校工作的方方面面，因此学校管理的变革是一种学校整体的变革，这种变革涉及理念更新、制度设计和行为改变，是多层次和深层次的变革。此外，由于学校管理要适应变化的环境和未来发展，因此是一种长期的、动态的、持续的变革过程。

三、学校管理的未来走向

　　在笔者看来，新的管理理论的不断融入，使得走向未来的学校管理之科学性、规范性变得更加可能，对于学校管理者而言，应该根据学校的实际情况，结合现代管理理论的演变，不断在动态的过程中自主思考、自主设计、自主生成，最终形成自己独有的学校管理理念。笔者认为，走向 21 世纪的学校管理，必然是开放的、多元的、动态的、全员的管理，这种管理，实际上背后隐藏的是管理观念的巨大转型，这种转型的核心是"管理"到"治理"的过渡。

　　20 世纪 90 年代，西方公共管理理论提出了"治理"的概念。

"治理"体现了在公共事务管理中的国家、社会和公民三者之间的新型关系，促进了社会进步、政治文明和公民素养的提高。治理不同于"管理"和"统治"。治理要经历"自下而上"的过程；治理要保证信息的公开、透明和对称；治理要有利益相关方面的民主对话和相互博弈；治理的结果是多方面相互妥协，形成共同接受的观点、认识和结论，所谓多赢和共赢；治理不是一方压倒另一方，更不是一方对另一方的施舍和恩惠。显然，在以人为本、价值多元的现代社会，"治理"比"管理"更能体现学校改革与发展的价值，也更能够成为师生心中理想的学校变革理念与模式。

对于学校管理者而言，实现管理到治理的演进，不断提升领导力，应该关注以下几个方面的基本问题。

（一）依法治校

学校领导力的提高在相当程度上就是在依法治校中理性自觉的提高。要坚决执行国家的教育法律法规，要坚决执行国家的课程与教学计划，要严格规范学校的各种行为，要把学校的教育教学活动与管理活动纳入依法治校的轨道。在社会转型的时代，只做不说的违规操作相当普遍，依法治校难度很大，这对学校领导力是一种严峻的考验，对学校能否坚守教育理想和信念也是一种挑战。

（二）民主管理

学校领导力不断提高的过程，也是不断实现学校民主管理的过程。要形成以人为本、代表广大教师和学生利益的领导集体，要赋予全体教职员工参与学校工作的责任感和主动性，增加决策的透明度和参与面，在推进民主管理的过程中提高全体教职员工的民主素养。

（三）提升效能

学校领导力不断提高的过程也是学校组织效能不断提升的过程：要着眼于优质教育活动和资源的提供，不断提升有效教育的供给能力，不断创造教育教学的质量和品质。要着眼于管理效率的提高，合理设置机构，规范管理活动，科学管理程序，最大限度地降低管理成本和消耗。

（四）加强服务

学校领导力不断提高的过程，也是学校服务能力不断增强的过程。从管理走向服务，不仅需要确立服务的责任感，更需要建构有效的服务能力。学校领导要更好地为教师服务，教师要更好地为学生服务。要不断增强学校的社会责任感，更多地担当起社会责任。学校的社会责任首先是育人，是培养全面而有个性的学生、培养有尊严、有责任感的公民。学校存在于社会和社区中，是社会组织，是社会机构，学校既需要社会和社区的支持，也需要支持社会、服务社区。学校要关注自己的社会形象，要不断创造和提升良好的社会形象①。

第二节　"格序方效"：中北一小的学校管理理念

有效的管理方式源于科学的管理理念，而科学的管理理念，则离不开对现代教育理念和学校办学实际的深刻把握。在学校发展

---

① 彭钢.学校整体变革：从管理走向领导[J].教育发展研究，2010，(10).

的过程中,以笔者为代表的中北一小的管理者们一刻也没有停止对学校管理理念的思考和对学校有效管理策略的探索。特别是2005年以来,针对两校合并带来的学校管理体制的变化,学校审时度势,将学校发展目标定位于:强强联手,创建优质品牌学校,办普陀区人民满意的优质教育资源。在实践中,我们感到:先进的办学理念是学校自主发展的引领,科学的管理制度是学校规范发展的保证,核心能力建设是学校可持续发展的动力。三管齐下,才能有效地促进学校规范、自主、可持续地发展,从而提升学校发展内涵。

一、以先进的办学理念为引领,促进学校自主发展

办学理念是学校发展的价值取向,而基于传承与发展基础上的,富于前瞻性的先进理念,能有效地引领学校自主发展。我们的主要做法如下。

(一) 找出发展差距

找出阻碍学校自主发展的问题和不足,是提高办学水平,创建优质品牌学校的首要条件。通过调研分析,我们认为目前学校管理上存在"三个不足":尚未形成完善的学校发展的核心理念;尚需进一步构建学校发展的管理文化;尚需提高管理效益,达到"人本、校本、成本"的和谐统一。师资队伍建设上存在"三个缺少":缺少"新生力量";缺少在市、区有一定影响力的骨干教师;缺少与二期课改相适应的专业素养。在教学改革上存在"三大问题":教师所认同的教育理念与现行的教育实践存在距离;教师现行的教学策略、方式、手段与二期课改的实施要求存在差距;学生全面发展要

求与现行的评价方式和评价机制存在矛盾。

（二）创新办学理念

为把学校办成社会和家长满意的优质品牌学校,我们从实际出发,提出了"合作关爱,和谐发展"的办学新理念。"合作关爱"是以建立"尊重平等、互助关爱、协作共生"为特征的团队精神。做到"四个关爱":关爱自我、关爱他人、关爱自然、关爱社会。"和谐发展"是通过建设和谐的校园物质文化、精神文化、制度文化、行为文化,促进学生、教师、学校的和谐发展。这一理念对办学目标的实现以及各项任务的完成起到了积极的引领作用,同时也成为我校全体师生认同的价值观,给师生注入强烈的责任感和使命感。

（三）确立发展目标

在"合作关爱,和谐发展"办学理念的引领下,我们提出了明确的办学目标:基本实现优质发展,把学校建成本区家长和社会满意的品牌小学之一。我校的培养目标是使学生具有"关爱的情怀,合作的精神,好学的追求,健康的体魄",基本素养协调发展,兴趣、爱好盎然。为了提高目标的可行性和操作性,我们细化了各项目标的总体以及阶段到达度,并根据目标要求,确立了学校发展的重点项目,落实了重点项目责任人,各项工作责任人围绕项目主题,自主设计了项目实施创意方案。

（四）明确方向任务

针对学校自主发展所面临的问题和不足,在办学理念的引领下,依据发展目标,我们坚持从实际出发,提出了学校发展的五大方向和任务。一是在继承传统的基础上,进一步完善促进学校可持续发展的核心理念,提高管理效益,形成学校管理文化;二是进一步建设学校的重点项目和发展特色,形成学校办学品牌;三是以"提升个体素养,打造团队精神,实施教书育人"为目标,培养一支在市、区有一定影响力的青年骨干教师和"领军"人物;四是深化二期课改的研究与实践,立足教师教学方法与学生学习方式的转变,以科研引领教改,注重阶段性评价,切实提高课改有效性;五是进一步整合、优化学校资源,关注成本投入与效益产出,最大限度地保障教育改革与发展。

二、以科学的制度建设为保证,促进学校规范发展

建立科学的管理制度,有利于将学校里的人、财、物、时空、信息等管理因素实现最优组合,形成科学运行机制,发挥整体效益。在制定和实施学校制度过程中,我们的做法如下。

(一) 明确管理目标

我校把"管理有格、管理有序、管理有方、管理有效"作为学校管理工作的基本目标,努力营造科学性和人文性协调发展的管理文化。在实践中,结合校情我们将之细化成具体的工作要求。管理有格,建立事事有章可循,人人有章可依的办学质量制度体系;管理有序,建立"决策—执行—操作—反馈"的管理运行机制,明确各层级职能,同时规范管理流程,做到工作有计划,措施有落实,检查有反馈,总结有交流;管理有方:坚持一要突出工作重点,通过"思路引领,实践探索,协调推进,总结反思",促进管理常规化、制度化,形成长效机制;二要以人为本,正确处理"约束与激励、服从与协调、求同与存异"的关系,充分调动教职员工的积极性、主动

性、创造性。管理有效，做到事事抓落实，要协调好"常规管理，突出检查，改革创新"三者之间的关系，通过网络化、信息化的管理手段，提高管理效益。

（二）建立制度体系

围绕建立科学规范、自我约束的运行机制，我们制定了《学校章程》，又依据《学校章程》，建立了《部门工作制度》、《人员岗位职责》、《质量考核制度》三大体系，力求以制度管好权，以制度管好事，以制度管好人，以制度保障学校组织的健康运作。在制定和实施学校内部管理制度时，我们特别重视制度的全面、系统和配套。例如在《质量考核制度》体系中，我们不仅制定了《学校奖励基金分配方案》，还根据方案中所涉及的考核内容制定了相应的考核标准和考核办法，并将考核标准细化为具体详尽的考核表，做到可行、可检、可操作。

（三）提高执行效率

各项目标和任务的落实，关键在于执行力。我校主要通过以下三方面措施提高全体教职员工的执行力。一是构建执行运行体系。通过提高执行的能见度、建立行为体系和监督、评估体系，解决做什么、怎么做和做得怎样的问题。二是保障执行体系有效运转。即围绕办学目标，编织覆盖全校各项工作的责任网，以责任保障各项工作的有序运作。三是我们认为要提高执行力，关键在于调动教职员工的主动性、积极性和创造性，为此，我们坚持管理的人本性。通过多种途径、方式、手段把教职员工的个人发展与学校的发展目标相统一，产生新的激励和内超力，进而成为自觉行为，形成以"追求卓越"为精神支柱的学校执行文化。

三、以核心能力建设为动力，促进学校可持续发展

学校特色和品牌建设是学校发展的核心竞争力。我们以新一轮学校发展规划的制定为契机，确立了构建"信息化校园"的办学品牌，制定并初步实施了相关发展和建设措施。

（一）架"桥"铺"路"，构筑"信息化"校园平台

我校自主研发并初步建成了集"管理、资源、展示、互动交流"为一体，立足于服务学校管理、教师教学和学生学习的网络信息平台。我们以"实用性"、"模块化"、"整合性"为指导思想，建立了教师教学资源库；以"学习目标、学习内容、学习策略、学习帮助、学习测评"为框架，建立了学生学习平台；搭建了供教师与学生个人，学校与班级集体风采展示的平台；每个平台我们都架起了网上论坛的空间，供大家互动交流，合作共享。

（二）开"渠"引"水"，建设现代化师资队伍

围绕培养一支"为人师表、爱岗敬业，勤奋地教书育人；遵循规律，遵守原则，规范地教书育人；厚积博学，专业发展，智慧地教书育人"的师资队伍建设目标，我们采取内部挖潜和外部引进相结合的方法，通过技能培训、资源开发、课堂实践、课题研究等途径，全面提高教师的信息素养，逐步构筑起我校信息技术领域的人才高地。目前我校100％的专任教师已能自主地开发和利用网络和多媒体资料开展教学；学校先后有35名教师运用多媒体开发的运用软件、执教的教学案例、撰写的科研论文荣获全国、市、区等第奖，在《中国教育技术协会，小学协作研究会第十七届年会》上，我校教

师执教的课堂教学和撰写的研究论文荣获两个全国一等奖。

（三）推"波"助"澜"，深化课题研究

"十五"期间，我校曾承担了中央电教馆的重点立项课题《信息技术与学科整合，培养学生自主探究能力》的研究，我校创建了"引导—探究、尝试—探究、协作—探究、自主—探究"四种教学模式，并成功实现了课堂教学的四大转变。为了使上述研究成果得到进一步的发展，使之在更大范围内得到推广运用，同时在理论和实践层面均有进一步的创新。"十一五"期间，我校开展了中央电教馆专项立项课题《专题网站与课程整合，构建"探究型"学习模式》、青年专项课题《构建少先队信息平台，培养学生自主管理能力》两大课题的研究。

（四）乘"风"破"浪"，培育"IT"小能人

构建信息化校园的出发点和落脚点是为了培养学生的现代信息素养。我校的主要做法是：一是开发校本课程，培养学生运用信息的兴趣。我们本着"以人为本"的思想，从学生学习兴趣和需要出发，以任务驱动模式开发了系列校本课程。二是通过信息技术与课程整合，培养学生运用信息的意识。为了促使学生主动搜集、加工、运用信息，解决问题。课前，教师们通过设置悬念，促使学生从各种途径主动搜寻信息；课中，教师们运用信息，促使学生主动探究；课后师生围绕共同感兴趣的话题，平等交流，拓展学习时空，拓宽知识面。三是构建少先队信息平台，培养学生运用信息的能力。我校建构了少先队工作信息化平台，通过少先队管理、资源、展示及互动交流信息平台的构建，培养和发展学生的自主管理能力。学生们把电脑作为学习、探究、发现的工具，在交流中相互学

习、取长补短、共同进步。在少先队工作信息平台上，我们以寻宝、闯关等游戏形式，设计了一系列深受学生喜爱的教育软件，使学生在喜闻乐见的电脑游戏中，在做做玩玩中不知不觉地提高认知、激发情感，规范行为。我校提出的《少先队入队、入团资源库建设与个案研究》分别被上海市德育协会、少先队科学研究协作委员会作为立项课题。

第三节　持续思考：走向未来的学校管理

　　学校的管理和内涵发展是一个前后相继的历史过程，如果说对"十二·五"时期学校各领域发展状况的总结能够帮助我们梳理学校改革与发展的主要成就和存在的问题，以便帮助我们树立持续做好学校改革与发展的决心与细心的话，那么对"十三·五"时期学校改革与发展的思考则体现了教育管理者的时代使命和富有智慧的教育研判与思考。由此，在系统分析学校发展现存问题的基础上，对"十三·五"时期学校的改革与发展进行理性的设计，是本书写作完成之前，笔者最后的任务。

一、学校发展面临的主要问题

　　尽管历经"十二五"的发展和进步，学校各项事业的发展已经取得了较为令人满意的成效，例如学校整体发展成效较为明显，教师团队建设成果较为显著，学生培养成效受到普遍认可等，但是着眼于建设新优质学校的需求，学校依然存在一系列需要解决和提升的问题，这些问题成为"十三五"期间学校的工作重心。

（一）学校的办学理念需要进一步落实

经过多年的发展，"合作关爱、和谐发展"的理念已经成为学校师生共同的价值追求，成为指导学校各项事业发展与进步的核心思想，但是如何通过更为丰富的载体落实和彰显学校的办学理念，让办学理念实现从宏观到微观、从理论到实践、从抽象到具体的转变，需要进一步的思考。

（二）学校的课程建设思路需要进一步理清

当前，学校已经基本形成了体现学校办学理念的课程体系，但是课程的发展存在不均衡的现象，优势课程不够凸显，品牌学科和重点课程建设没有形成良性循环机制，课程建设的规划性、系统性、连续性和科学性还不够强，课程领导力的建设有待进一步加强，迫切需要进一步理清课程建设思路，优化课程建设。

（三）学校的教师发展内驱力需要进一步提升

经过"十二五"的发展和各项教师专业发展策略的运用，学校教师队伍的整体专业化水平有了较为明显的提升。但是，教师队伍建设依然存在两个方面的突出问题：一是师资水平发展的不均衡，学科领军人物和骨干教师比例较低；二是教师发展的内驱力不强，工作锐气不够。我们认为，提升教师专业发展的内在动力是建设好教师队伍的根本性问题，也是"十三五"期间最需要关注的问题之一。

（四）学校的核心文化需要进一步凝练

经过数年的实践，"船文化"已经逐渐成为深入学校师生内心世界的共同文化追求，也成为学校文化建设中最为独特和核心的表征，但是，如何将"船文化"与学校的办学理念和人才培养目标进一步融合，实现三者的有机统一，让"船文化"成为落实学校办学理念与人才培养目标的有效载体，还需要进一步的思考和实践。

（五）学校的信息化建设需要进一步思考

信息化是当今时代最为显著的特征，信息化的发展为教育工作带来了机遇和挑战。着眼于未来学校的发展和人才的培养，提升学校的信息化建设水平尤为关键。当前，学校还存在信息化硬件建设不够健全，信息化操作平台和系统设计与使用不够广泛，部分师生的信息技术应用能力相对欠缺等问题，在一定程度上影响了学校的信息化建设整体水平，需要改观。

二、"十三·五"期间的学校总体发展思路

（一）学校发展总体目标

"十三五"期间，学校将以现代教育理念为引领，全面落实"关爱合作、和谐发展"的办学理念，以同舟共济的"船文化"建设为抓手，以打造信息化校园为主渠道，实现"人文引领、技术支撑"，追求人文化、信息化和优质化的协同发展，全面推进学校的教育教学、课程建设、师资队伍建设、学生培养、德育教育、教育科研、后勤保障等方面的工作，继续做大做强英语优势学科，全面提升学校的办学品质，建设惠及每一个师生的"家门口的优质学校"。

（二）学校发展核心理念

"关爱合作，和谐发展"：关爱是生活的基础，合作是成长的阶梯，二者统一于人的生命存在和发展中。关爱，要求学校和教师要

关爱每一个学生,把师生关系看作是一种"教学相长"的合作关系,让每一个学生公平地享受优质的教育资源和均衡的公共服务;和谐的发展,主要有三个层面的意思:其一是基础性,即教育面向所有的学生,要求学生在学校教育的体系下达成课程标准所规定的基本知识、技能、情感目标;其二是优质性,即追求更为优质的教育,实现师生更高层次的生命成长,让师生更好地享受教育改革与发展的成果;其三是协调性,即追求教育的民主性和公平性,实现师生的全面发展和素质提升,兼顾师生群体与个体的平衡,追求和谐美好的发展图景。

(三)学校发展总体思路

直面学校发展的现实问题,以同舟共济的"船文化"为载体,全面协同推进学校的德育教育、课程与教育、教师队伍建设、教科研、学校文化建设和信息化化建设等各项工作,突出人文引领和信息技术支撑,努力创办师生乐享、家长社会认可的新优质学校。学校"十三五"发展的具体思路可以归结为三个方面:

第一,突出人文引领,谋求学校发展的人文化。即以同舟共济的船文化建设为载体,弘扬和凸显关爱合作的办学理念与价值认同,营造关爱合作的文化氛围,让学校教学与管理的各个领域充满人文意蕴,增强学校发展的软实力。

第二,突出信息支撑,谋求学校发展的信息化。即充分考虑现代信息技术发展带来的教育发展机遇,通过信息技术设备的完善和信息化资源的开发,为学校师生的发展与成长提供设备、技术和资源支撑,让学校各项工作的发展更有效率,更合乎现代社会的需要。

第三,突出质量追求,谋求学校发展的优质化。即按照新优质学校的标准，在原有基础上进一步提升学校的德育、教学、科研、师资、学校管理等工作，全面提升学校办学质量与办学水平，进一步打造和树立学校品牌。

三、"十三·五"期间学校管理各领域具体发展目标

（一）德育教育工作

"十三五"期间，以德育教育为先导，全面贯彻落实中小学德育工作会议精神和"关爱合作，和谐发展"办学理念，进一步整合德育教育资源，探索多媒体网络教育与学校德育工作整合的有效途径，以推动德育教育的生活化为核心，打造人文化、信息化和生活化的学校德育工作体系，全面提升学校德育教育工作的有效性，形成德育管理顺畅、德育队伍精良、德育方法创新、德育途径宽泛、德育资源优化的工作局面，为彰显学校发展的人文意蕴和道德情怀奠定基础。

（二）课程与教学建设

"十三五"期间，以学校课程与教学建设为核心，围绕"爱在心中，健康成长"这一主题，以"基础型课程校本化实施、优化拓展型课程、完善探究型课程"为方针，以"学生主体得到充分的发展"为准则，本着"重基础、建特色、求发展"的指导思想，找准国家课程和学校发展的结合点，形成具有校本特色的基础型、拓展型、探究型课程体系，促进学生个性发展。贯彻落实基于标准的教学与评价，以"人文引领、技术支撑"为引领，围绕"基于核心素养的单元教学设计"，研究人文化的教学策略，优化"趣、蓄、拓"教学策略的研究，建构人文化的和谐课堂，充分关注学生学习过程的有效性，以教师

的有序教学引领学生的有效学习;开展《评价指南》校本化实施的研究,研究人文化的评价策略,整合资源打造 E 档特色,突出为了改进学习的评价,"以教导学、以评促学"。

(三) 教师队伍建设

"十三五"期间,以教师队伍建设为关键,围绕学校"关爱合作、和谐发展"的办学理念和打造优质学校对教师队伍建设的需要,着力解决教师队伍建设过程中存在的发展不均衡、领军人物缺乏、教师发展内驱力不够等制约性问题,树立"为了每一位教师的专业发展"理念,不断提升教师队伍的专业化水平,通过"研究引领、合理分配、多元整合、个性扶持、创建特色"等举措,落实"夯实底部、提升中坚、打造高端"的思路,重点打造合作型教师团队,努力建设一支具有高度凝聚力和强劲发展力的高素质的教师队伍。

(四) 教育科研工作

"十三五"期间,以教科研工作为助推,坚持"科研兴校、科研强校"的理念,以学校项目建设为龙头,以教师个人课题研究的推进为突破口,以实践反思为主要方法,通过教科研工作打造学校品牌,完善管理机制,提升教学质量,助推教师成长,促成学生发展,让教科研活动成为学校各项事业发展的强劲引擎。

(五) 学校文化建设

"十三五"期间,以学校文化建设为引领,以新优质学校建设为契机,紧紧抓住"船文化"这一载体,通过探索船文化与学校办学理念之间的内在联系,让船文化成为深化和落实"关爱合作、和谐发展"理念的有效途径。发挥学校信息化的优势,从物质、精神、制度和行为四个层面构建起学校文化大厦，以物质文化熏陶人，以精神文化凝聚人，以制度文化规范人，以行为文化塑造人，努力实现学校文化与学校办学理念的有机融合，在文化浸润下优化学校内涵，培育学校品牌，打造人文校园。

（六）信息化工作

"十三五"期间，以学校信息化工作为支撑，充分发挥网络信息技术的保障作用，优化学校信息化硬件，完善学校信息化环境建设，提升师生的信息技术应用能力，进一步打造数字化校园，以现代信息技术的建设为学校和师生的发展提供硬件支撑、技术支撑和资源支撑。

四、"十三·五"期间学校发展的保障措施

为实现学校"十三五"发展规划目标，全面推进各项重点工作的开展，学校将从管理制度建设、人员队伍建设和资源保障建设等方面，为学校发展提供全方位的保障。

（一）学校管理保障

进一步加强学校内部管理，完善管理制度。用科学、民主的学校管理来促进学校规划的实施，加强对发展规划实施过程的管理，及时调整目标的措施，重视学校各项基础工作的管理，夯实教育教学工作基础，注重学校重点项目的管理与实施，坚持抓好目标管理，将规划中的目标和任务，贯彻落实在年度学校工作计划之中。完善各项规章制度，用制度建设规范学校管理，并在实践中不断更新管理观念、优化管理行为、提升管理效率。

（二）队伍建设保障

充分认识到队伍建设是实现学校发展的关键性因素，全面提升学校干部和教师队伍的能力与素质。抓好干部队伍建设，注重干部自身素质的提升和表率作用的发挥，提高干部对学校发展的理解力、领导力和执行力，改进干部工作方法，提升工作效率，不断增强他们的岗位意识和职责意识；加强教师队伍建设，有重点、有层次地做好骨干教师、青年教师队伍建设，通过教育教学实践锤炼，发挥校本研修和校际合作互动平台作用，采取积极有效的激励措施，全面提升教师的师德、师风、师能，提升教师的理论素养和课改的执行力，促进教师专业化发展，努力塑造一支师德高尚，业务精湛，敬业爱生，乐于奉献的教师队伍，为完成规划提出的目标和任务提供人力支持。

（三）资源供给保障

学校将继续加强后勤制度与机构建设，加强信息化校园建设，使学校的各项事务管理机制更加顺畅，运行效率不断提升，从而为师生有效利用学校的教育教学设施设备、推进教育教学改革提供便利；学校将进一步推动家校合作和学校—社区合作，争取家庭和社会对学校办学与发展的支持，不断挖掘教育资源，形成教育合力，吸引更多的有识之士和爱心人士为学校发展献力、献计、献策；学校将多方筹措资金，确保各项事业发展，特别是教育教学改革项目的费用支出，为教师专业发展、课程改革、学生综合实践活动等相关工作的开展提供财力保障。

结语:做一名勤学善思的学校管理者

百年大计,教育为本。教育工作作为一项特殊的事业,不仅关系到千家万户的幸福,而且关系到国家的繁荣、民族的昌盛。作为一名教育工作者,我无时无刻不在为自己所从事的光荣事业而感到骄傲和自豪,同时,作为一校之长,我又时常惴惴不安,唯恐自己的工作难以适应教育发展的使命召唤,难以充分地回应教师、学生以及家长那一双双渴望的眼神。

几乎从成为校长的那一天起,我就在不断地审问自己,怎样的校长,才是一名合格的、甚至是优秀的校长?

有人说,好校长是一位好老师,因为只有好老师,才知道学生最需要什么,他会变着法子让学生爱上学校,爱上学习;只有好老师,才知道学校需要发展什么,他会创造出一个和谐的校园,把爱的阳光播撒;只有好老师,才知道教师的成长需要什么,他会为教师的成长搭建一个良好的平台……

有人说,好校长是一位朋友,他知冷知热,教职工的生活他挂在心中;他宽厚仁慈,评课时绝对不会声色俱厉,会微笑着和老师交流;他宽容大度,偶尔的误会他绝不会记在心中,更不会打击报复……学养、才能、人格过硬是做校长的前提。校长应成为师生的益友、净友、畏友。

有人说,好校长是一个好家长,他知道学生做作业熬到深夜没好处,他知道学生需要一个好身板,他知道,教育就是让学生快乐成长;他眼里,学生从来都是快乐的精灵,而不是分数或效益;音乐课上,他会和孩子一起歌唱,操场上,有他龙腾虎跃的身影,甚至,他会带着孩子去春游……

也有人说,好校长还是一个精明的规划师。何时该建设,何处该绿化,哪里该修水房,哪里建大灶,他心中皆有数,在他眼里,学校的每一块土地都是珍贵的资源,每一棵树都是宝贝……

好校长有自己办学的思想,他不会人云亦云,开会绝不会念冗长的官样文章。好校长知道什么是教育? 什么是课改……好校长爱读书,学校里总会弥漫着书香;好校长爱辩论,校园里也会吵吵闹闹;好校长也会弯腰,不会让纸片随风飘扬……

好校长并不神秘,身上无官气,不唯上,不欺下,眼中无政绩,心中有学生……

只要是一个大写的好人,就可能成为一名好校长……

对一个好校长标准的意见越不统一,则表明做一个好的校长越加困难。在我看来,现代教育的发展,对校长的工作提出了更加严峻的挑战,校长的专业发展从某种程度上来说比教师的专业发展更加急切和紧迫,思考如何成为一名专业的校长,一名高素质的校长,一名真正能够承担起引领学校内涵发展的校长,是每一个学校管理者都无法忽视的重要命题。

校长的成长道路是多元的,从我自己的角度看,"学"与"思"的结合是校长成长的最基本法则。我认为,学无止境是对校长专业发展的最好表达,这些年来,为了进一步完善自己的教育管理理论,我利用业余时间,进行了大量的理论阅读,也成功地考取了华东师范大学的硕士研究生，这些不间断的学习，让我的知识体系真正成为"一条流动的小溪"，能够适应不断变化的学校管理环境，并做到游刃而有余；同时，我几乎利用一切可以利用的时间在进行思考，从学校的整体发展思路，学校的教师队伍建设，课程与教学改革，学生培养，文化建设等，都是时刻刻印在我的脑海之中。人们常说，"一个好校长就是一所好学校"，这既是对校长的肯定，又是对校长的鞭策。我所在的中山北路第一小学，是一所办学历史悠久、办学质量较高的学校，我很庆幸能够在这所学校的发展历史上留下自己思考与实践的痕迹。

　　呈现在读者们面前的这本拙作，实际上正是我不断地"学"与"思"的成果，它集中反映了学校"十二·五"期间各个领域的基本工作以及我们所取得的成绩和积累的经验，同时也直观而鲜明地记录了这一过程中笔者作为一校之长的心路历程。思考的痕迹是我的，但是具体的实践和我们所取得的成绩是每一位中北一小师生的。与其说这是我作为校长的一本专著，我更愿意它成为每一位中北一小师生努力向上、不断进取，推动学校持续地内涵发展的见证。

　　我不能说自己是一个多么优秀的校长，但是，至少，我认为自己一直走在追求优秀的道路之上，不论是基于自己曾经的理想，还是基于教育事业必要的责任心与使命感，我都愿意用自己的"学"与"思"在基础教育改革与发展的道路上继续孜孜以求。

　　学无止境，思无止境。

参考文献

1. [荷] C·A·冯·皮尔森. 文化战略[M]. 刘利圭,等译. 北京:中国社会科学出版社,1992.2,17.

2. 郑金洲. 文化教育学[M]. 北京:人民教育出版社,2000.11.

3. 彼得诺. 思豪斯. 领导学:理论与实践[M]. 吴荣先,译. 南京:江苏教育出版社,2002.5.

4. 艾伦·C. 奥恩斯坦,费朗西斯·P. 汉金斯. 课程:基础、原理和问题[M]. 南京:江苏教育出版社,2002.380.

5. 王尚文. 走进语文教学之门[M]. 上海:上海教育出版社,2007.423.

6. 孟繁华,等. 学校发展论[M]. 北京:教育科学出版社,2011.121—123.

7. 关鸿羽. 中小学德育教育实效性研究[J]. 中国教育学刊,2000,(6).

8. 史燕来. 中小学校办学理念探析[J]. 中国教育学刊,2004,(5).

9. 崔允漷. 课程改革呼唤执行力[J]. 教育发展研究,2004,(9).

10. 李家成. 论学校发展规划在学校变革中的价值实现[J]. 当代教育科学,2004,(16).

11. 胡永新. 论学校核心竞争力管理[J]. 教育与现代化,2005,(4).

12. 崔允漷,汪贤泽. 基础教育课程改革的意义、进展及问题[J]. 全球教育展望,2006,(1).

13. 赵炳辉. 教师文化与教师专业成长[J]. 教师教育研究,2006,(4).

14. 徐建华. 学校核心竞争力的特征、构成与培育[J]. 职业技术教育,

2006,(8).

　　15. 王少非.论基于标准的教学[J].教育发展研究,2006,(9A).

　　16. 陈如平.如何提出和提炼学校的办学理念[J].中小学管理,2006,(10).

　　17. 李清刚.论学校核心竞争力的内涵与特征[J].教育导刊,2007,(1上).

　　18. 叶文梓.论中小学校长的办学理念[J].教育研究,2007,(4).

　　19. 杨东平.和谐社会的教育发展观与价值观[J].人民教育,2007,(8).

　　20. 陈如平.以理念创新引领学校变革[J].人民教育,2007,(21).

　　21. 徐玉珍.论国家课程的校本化实施[J].教育研究,2008,(2).

　　22. 海存福.学校发展中的 SWOT 分析[J].河西学院学报,2008,(5).

　　23. 李芒.对教育技术"工具理性"的批判[J].教育研究,2008,(5).

　　24. 裴娣娜.学校教育创新力研究的几个基本问题[J].中国教育学刊,2008,(6).

　　25. 钟祖荣.创新型国家建设与基础教育的使命[J].人民教育,2008,(7).

　　26. 崔允漷.课程实施的新趋向:基于课程标准的教学[J].教育研究,2009,(1).

　　27. 乔红霞.试论学校文化力的生成与提升[J].解放军艺术学院学报,2009,(2).

　　28. 方展画.兴师、兴校、兴教:教育科研是学校发展的强大引擎[J].教育研究,2009,(5).

　　29. 王伟.学校特色发展:内涵、条件、问题与途径[J].中国教育学刊,2009,(6).

　　30. 英配昌.学校发展中的校长领导力[J].教育科学研究,2009,(12).

　　31. 孟建伟.教育与幸福——关于幸福教育的哲学思考[J].教育研究,2010,(2).

　　32. 于波,徐仲林.对国家课程标准适应性的调查研究:以重庆市部分区县中小学为例[J].中国教育学刊,2010,(2).

33. 赵茜,刘景.我国校长教学领导力模型研究[J].中小学管理,2010,(3).

34. 李黎.提升学校品质的内在力源[J].中国教育学刊,2010,(3).

35. 赵殊.谈儿童合作能力的培养[J].教育探索,2010,(5).

36. 姜美玲,等.学校内涵发展中的校长领导力[J].全球教育展望,2010,(8).

37. 彭钢.学校整体变革:从管理走向领导[J].教育发展研究,2010,(10).

38. 张继平.学校管理的规范化与模式化[J].教学与管理,2010,(12).

39. 张爽.论当前学校变革情境中校长领导力的提升[J].当代教育科学,2010,(18).

40. 李政涛.校长如何实现价值领导力[J].中小学管理,2011,(1).

41. 周吉群.学校文化力及其提升策略[J].教育科学论坛,2011,(6).

42. 冯喜英.从基于教科书的教学到基于课程标准的教学[J].中国教育学刊,2011,(8).

43. 尹后庆.上海基础教育转型发展的责任担当与现实使命[J].教育发展研究,2011,(18).

44. 王定华.试论新形势下学校文化建设[J].教育研究,2012,(1).

45. 裴娣娜.教育创新与学校课堂教学改革论纲[J].中国教育学刊,2012,(2).

46. 周亚萍.论作为文化的学校教育[J].教育导刊,2013,(1 上).

47. 沈曙虹.我国学校发展"力"的研究述评[J].教育研究,2013,(2).

48. 王钦,郑友训.新课程背景下的教师课程领导力探析[J].教学与管理,2013,(7).

49. 尹后庆."绿色指标"评价:引领教育转向内涵发展[J].中小学管理,2013,(7).

50. 章巧眉.大学办学"特色"的误读与新解[J].教书育人,2013,(9).

51. 杨九俊.学校特色建设:"寻找属于自己的句子"[J].教育研究,2013,(10).

52. 张四方.互助协同的教师专业发展及其实现[J].教育发展研究,2013,(20).

53. 杨志成.学校文化建设的结构与建构[J].中国教育学刊,2014,(5).

54. 吕星宇.上海市课程建设思路分析[J].教育理论与实践,2014,(14).

55. 王俭.促进教师专业发展的校长作为[J].教师教育研究,2015,(2).

56. 周靖毅,王牧华.学校内涵发展的嬗变与路径选择[J].当代教育科学,2015,(6).

57. 王继华.教育核心竞争力:学校决胜教育市场必须回答的问题[N].中国教育报,2005—1—21.

58. 程红兵.弃"核心竞争力"取"核心发展力"[N].中国教育报,2006—12—9.

59. John W. Meyer,Brian Rowan. Institutionalized Organizations:Formal Structure as Myth and Ceremony[J]. American Journal of Sociology,1977,83(2):340—363.

60. Snyder,etc. Curriculum Implementation [A]. Jackson,P. W. Handbook of Research on Curriculum[C]. New York:Macmillan Publishing Company,1992. 404—418.

后　记

　　寻找提升学校品质的内在力源——这是我作为中北一小校长一直以来孜孜不倦的追求，也是我作为本书作者在书稿上落笔写下的第一句话。在书稿完成的时候，我深深感到，这是一个没有止境的探索课题。学无止境，思无止境。不断提升自己基于实践的学习力和思考力，才能在破解这个课题的路上不断进入新的境界。

　　书稿完成之际，即将迎来中北一小建校七十周年喜庆。衷心祝愿我的中北一小发力发力再发力，前进前进再前进！中北一小的发展，离不开全校师生的同舟共济，离不开上级领导的关心指导，离不开同行同仁的互助互爱；我校的王芳、梅芳、施慧、朱蓓洁等老师，为拙作的出版付出了辛勤的劳动，在此一并致以衷心的感谢！

　　希望本书有助于进一步推动提升学校品质内在力源的深入探索，书中不足之处，期望得到批评指正。

图书在版编目(CIP)数据

春风化雨　润物无声:让优质教育惠及每一个学生/徐梅芳著.
—上海:上海三联书店,2016.
ISBN 978-7-5426-5742-8

Ⅰ.①春…　Ⅱ.①徐…　Ⅲ.①小学—学校管理

Ⅳ.①G627

中国版本图书馆 CIP 数据核字(2016)第 261077 号

春风化雨　润物无声
——让优质教育惠及每一个学生

著　　者　徐梅芳

责任编辑　钱震华
装帧设计　魏　来

出版发行　上海三联书店
　　　　　(201199)中国上海市都市路 4855 号
　　　　　http://www.sjpc1932.com
　　　　　E-mail:shsanlian@yahoo.com.cn

印　　刷　上海昌鑫龙印务有限公司

版　　次　2016 年 10 月第 1 版
印　　次　2016 年 10 月第 1 次印刷
开　　本　787×1092　1/16
字　　数　208 千字
印　　张　17.75
书　　号　ISBN 978-7-5426-5742-8/G・1144
定　　价　58.00 元